YOUCORE

Der Beschäftigungsguide für jeden Tag

200+ psychologisch fundierte Beschäftigungen für deinen Alltag.

J. A. Kalomba

„Ich gehe nicht nach dem Regelbuch... Ich folge meinem Herzen, nicht meinem Kopf."
– Diana, Princess of Wales

IMPRESSUM

YOUCORE – Der Beschäftigungsguide für jeden Tag
200+ psychologisch fundierte Beschäftigungen für deinen Alltag

Autorin/Autor: J.A. Kalomba
Coverdesign: J.A. Kalomba
Layout und Satz: Selfpublishing

Verlag: BoD · Books on Demand GmbH, Überseering 33, 22297 Hamburg, bod@bod.de
Druck: Libri Plureos GmbH, Friedensallee 273, 22763 Hamburg
ISBN: 978-3-8192-0065-6

Hinweis: Dieses Buch dient der Anregung für Freizeitgestaltung und Lebensfreude. Es ersetzt keine medizinische, psychologische oder therapeutische Beratung

YOUCORE – Worum es geht

Manchmal fehlen einem die Ideen –
was man tun könnte, was einem guttun würde, was überhaupt möglich
ist. Oft fehlt auch der Impuls, wie man das eigene Leben zu seinem
macht.
Und manchmal ist die Welt nur noch ein Bildschirm –
und man merkt kaum, dass man selbst längst offline ist.

Und genau da setzt **YOUCORE** an:
Es ist ein Beschäftigungsguide für den Alltag – **mit über 200 Ideen,** die
dir helfen, deinen Alltag zu gestalten, dich besser kennenzulernen –
oder Stress zu lösen, Klarheit zu finden und neue Kraft zu schöpfen.
**Jede Beschäftigung basiert auf psychologischen Erkenntnissen – und
ihre Wirkung ist durch Forschung belegt.**

YOUCORE greift den „core"-Gedanken auf – wie
bei *cottagecore* oder *normcore*.
Aber hier geht es nicht um eine Szene, sondern um deine eigene
Ästhetik:
einen Stil des Lebens, der sich nicht in Kleidung oder Filtern zeigt,
sondern im Alltag.
Im Tun. Im Kern.

Ergänzt durch Impulse für besondere Momente, Übungen zur
Selbstverbindung und einem Kapitel für Krisenzeiten.
Damit du tun kannst, was dir entspricht – egal, wo du gerade stehst.

YOUCORE IST DEIN BEGLEITER – FÜR ECHTE MOMENTE DIE
WIRKEN. UND EIN LEBEN, DAS SICH NACH DIR ANFÜHLT.

YOUCORE ist kein Buch, das man durchliest. Es ist eins, mit dem man lebt.

Du kannst blättern, springen, suchen, markieren – oder dich einfach treiben lassen.

Hier ein paar Möglichkeiten, wie du anfangen kannst:

SPÜR IN DICH REIN

Was brauchst du gerade? Ruhe, Energie, Nähe, Klarheit? Such nach der passenden Wirkung.

LASS DICH ÜBERRASCHEN

Schlag eine Seite auf – ganz intuitiv. Was spricht dich an?

SPIEL MIT DEM INDEX

Schließ die Augen, leg den Finger irgendwo hin. Manchmal ist genau das die Idee, die du brauchst.

WÄHLE EINE TAGESZEIT

Morgenritual? Abendruhe? Offline-Sonntag? Finde, was zu deinem Moment passt.

STELL DIR EINE FRAGE

Was würde mir heute guttun? Und lies, bis du eine Antwort spürst.

Es gibt kein Richtig – nur deinen Weg durchs Buch.

INHALTSVERZEICHNIS

Die Beschäftigungen in diesem Buch sind nach ihrer psychologischen Hauptwirkung sortiert.

Manche entfalten Wirkung auf mehreren Ebenen – hier findest du sie jeweils dort, wo sie besonders gut greifen.

Am Ende des Buchs findest du einen **Index** mit allen Beschäftigungen – damit du jederzeit schnell findest, was du brauchst.

AKTIVITÄTEN ZUR ENTSPANNUNG, SENKUNG VON CORTISOL, BERUHIGUNG

Wenn dein System im Alarmmodus läuft, brauchst du keinen neuen Plan – sondern Sicherheit. Dieses Kapitel schenkt dir bewährte Wege zurück in die Regulation. Studien zeigen, dass gezielte Atemübungen, Naturerleben und Entspannungsrituale den Cortisolspiegel – also das Stresshormon im Blut – senken, das parasympathische Nervensystem aktivieren (das ist der Teil deines Nervensystems, der für **Erholung** zuständig ist) und deine **innere Widerstandskraft** stärken. Du wirst nicht funktionieren müssen – sondern langsam wieder bei dir ankommen.

Kategorie: Stressreduktion

Der Atem ist immer da – du musst ihn nur bemerken. Mit gezielten Atemübungen lenkst du deine Aufmerksamkeit nach innen, reduzierst Stress und bringst dein Nervensystem ins Gleichgewicht. Tief ein, langsam aus – und schon verändert sich die Welt.

Du brauchst:
Nichts außer dir selbst, evtl. ruhiger Ort, ggf. Anleitung über App oder Audio

Ort: 🏠 drinnen oder 🌳 draußen
Kosten: 🪙 kostenlos
Dauer: ⏱ sehr kurz bis mittel
Mit wem möglich? 👤 alleine empfohlen
Mit Tieren: 🐾 möglich
Wetter: ☁ wetterunabhängig

„ATME. DU BIST DA. DAS IST SCHON GENUG."
– *Thich Nhat Hanh*

💡 Tiefe, bewusste Atmung (z. B. 4-7-8 oder Box Breathing) senkt nachweislich den Puls, aktiviert den Parasympathikus und wirkt ähnlich beruhigend wie Meditation.
(QUELLE: MA ET AL., 2017, FRONTIERS IN PSYCHOLOGY)

Kategorie: Stressreduktion

Warmes Wasser umhüllt dich, Musik fließt durch den Raum – ein Bad wird zur kleinen Zeremonie. Mit der richtigen Playlist, gedimmtem Licht und vielleicht ein paar Tropfen Lavendel entsteht ein Rückzugsort für alle Sinne.

Du brauchst:
Badewanne, warme Decke für danach, Musik (z. B. ruhige Instrumentals), evtl. Duftzusätze

Ort: 🛁 drinnen
Kosten: 🧹 minimal (Wasser, evtl. Badezusatz)
Dauer: ⏱ kurz bis mittel
Mit wem möglich? 👤 alleine
Mit Tieren: 🐾 lieber nicht
Wetter: ☁ wetterunabhängig

„WENN MUSIK UND WASSER SICH BEGEGNEN, ENTSTEHT EIN ORT JENSEITS DER ZEIT."
– *Angelehnt an Rainer Maria Rilke*

💡 Warmes Baden senkt die Cortisolkonzentration im Blut, verbessert die Schlafqualität und kann depressive Verstimmungen lindern – besonders in Kombination mit Musik.
(QUELLE: MERO ET AL., 2017, COMPLEMENTARY THERAPIES IN MEDICINE)

Kategorie: Stressreduktion

Einfach da sein. Ohne Aufgabe, ohne Ziel, ohne Produktivität. „Niksen"
kommt aus dem Niederländischen und bedeutet: bewusst nichts tun.
Nicht als Faulheit – sondern als Erlaubnis, zu sein. Gedanken dürfen
schweifen. Zeit darf vergehen.

Du brauchst:
Einen ruhigen Ort, etwas Zeit und Erlaubnis, nichts tun zu müssen

Ort: 🛏 drinnen oder 🌍 draußen
Kosten: 💸 kostenlos
Dauer: ⏱ kurz bis mittel
Mit wem möglich? 👤 alleine
Mit Tieren: 🐾 ja
Wetter: ☁ wetterunabhängig

„NICHTS TUN IST BESSER ALS BESCHÄFTIGT ZU SEIN MIT
NICHTS."
– Laozi

💡 Niksen reduziert nachweislich mentale Erschöpfung, fördert
Kreativität und senkt das Stresslevel. In Zeiten ständiger
Reizüberflutung gilt bewusste Leere als wahre Ressource.
(QUELLE: MECKING, 2019, THE ART OF NIKSEN – DOING
NOTHING THE DUTCH WAY)

Kategorie: Stressreduktion

Handy weg, Kopf frei. Für ein paar Stunden oder einen ganzen Tag: Kein Scrollen, kein Tippen, kein Bildschirm. Stattdessen echte Begegnungen, Natur, Stille oder Langeweile – die Quelle für neue Ideen.

Du brauchst:
Mut zur Pause, evtl. Flugmodus oder Kästchen für das Handy

Ort: 🏠 drinnen oder 🌿 draußen
Kosten: 💸 kostenlos
Dauer: ⏱ kurz bis lang
Mit wem möglich? 👤 alleine / 💜 zu zweit / 👫 Gruppe
Mit Tieren: 🐾 auf jeden Fall
Wetter: ☁ wetterunabhängig

„DISCONNECT TO RECONNECT."
– Arianna Huffington

💡 Schon wenige Stunden Digital Detox können das Stresslevel senken, die Schlafqualität verbessern und die Konzentration fördern. Regelmäßige digitale Auszeiten sind nachweislich gut für die mentale Gesundheit.
(QUELLE: BROWN & KUSS, 2020, INTERNATIONAL JOURNAL OF MENTAL HEALTH AND ADDICTION)

Kategorie: Stressreduktion

Die Augen schließen, tief einatmen – und sich tragen lassen. Bei einer Duftreise nimmst du bewusst verschiedene Düfte wahr. Sie wecken Erinnerungen, Bilder, Gefühle. Du brauchst nicht viel – nur deine Nase und ein bisschen Neugier.

Du brauchst:
Ätherische Öle, Duftstifte, Kräuter; evtl. Anleitung oder ruhige Atmosphäre

Ort: 🏠 drinnen
Kosten: 💸 € (je nach Auswahl)
Dauer: ⏱ kurz bis mittel
Mit wem möglich? 👤 alleine
Mit Tieren: 🐾 vorsichtig – nicht alle Düfte sind tierfreundlich
Wetter: ☁ wetterunabhängig

„GERUCH IST DER SINN DER ERINNERUNG."
– Jean-Jacques Rousseau

💡 Düfte wirken direkt auf das limbische System im Gehirn, das für Emotionen zuständig ist. Studien zeigen: Lavendel, Vanille oder Zitrus können entspannend oder stimmungsaufhellend wirken.
(QUELLE: HERZ, 2009, CHEMOSENSORY PERCEPTION)

Kategorie: Stressreduktion

Nichts ist erfrischender als selbstgemachtes Eis! Ob fruchtig, cremig oder als Sorbet – das Herstellen von Eis zu Hause gibt dir die Freiheit, die Zutaten nach deinem Geschmack zu wählen. Kreativ und lecker – ein Genuss, den du ganz nach Belieben gestalten kannst.

Du brauchst:
Eismaschine (optional), Zutaten (z. B. Früchte, Sahne, Zucker, Joghurt), Schalen oder Stieleisformen

Ort: 🏠 drinnen (Küche)
Kosten: 💸 je nach Zutaten und Ausrüstung
Dauer: ⏱ mittel bis lang
Mit wem möglich? 👬 mit Freunden oder Familie
Mit Tieren: 🐾 nein (darf nicht naschen!)
Wetter: ☁ bei warmem Wetter besonders gut

„GLÜCK IST EIN SELBSTGEMACHTES EIS AN EINEM SONNENTAG."
– Marc Levy

💡 Der Genuss von Eiscreme kann die Freisetzung von Dopamin und Endorphinen fördern – Botenstoffe, die für Glücksgefühle verantwortlich sind.
(QUELLE: CANR, 2021, MICHIGAN STATE UNIVERSITY)

Kategorie: Stressreduktion

Dem Lauf des Wassers folgen, Steine übers Wasser springen lassen, Moos berühren, Libellen beobachten. Am Flussufer findest du Ruhe, Bewegung und Schönheit – manchmal alles auf einmal. Einfach losgehen und schauen, was dir begegnet.

Du brauchst:
Bequeme Schuhe, Zeit, evtl. Picknickdecke oder Notizbuch

Ort: 🌿 draußen (Fluss, Bach, Uferweg)
Kosten: 🐾 kostenlos
Dauer: ⏱ kurz bis lang
Mit wem möglich? 🧍 alleine / ♥ zu zweit / 👥 Gruppe
Mit Tieren: 🐾 ja
Wetter: ☁ bei trockenem Wetter empfohlen

„EIN FLUSS FLIESST NIE ZWEIMAL VORBEI – SCHAU GENAU HIN."
– Heraklit

💡 Bewegung in Flussnähe kann die Herzfrequenzvariabilität verbessern – ein Marker für Stressresilienz. Zudem wirkt das gleichmäßige Plätschern beruhigend auf das Nervensystem.
(QUELLE: WHITE ET AL., 2010, HEALTH & PLACE)

Kategorie: Stressreduktion

Ein Morgen wie im Film – mit duftendem Kaffee, frischem Obst, Croissants und Kuscheldecke. Frühstück im Bett ist nicht nur Luxus, sondern ein kleines Ritual der Selbstfürsorge. Du darfst genießen, liegen bleiben und einfach mal nichts tun – außer langsam wach werden.

Du brauchst:
Frühstück deiner Wahl (z. B. Croissants, Porridge, Obst, Kaffee), Tablett oder kleines Tischchen, Kissen, Bettdecke

Ort: 🛏 drinnen
Kosten: 💸 €
Dauer: ⏱ kurz bis mittel
Mit wem möglich? 👤 alleine / 🖤 zu zweit
Mit Tieren: 🐾 ja, wenn stubenrein 😌
Wetter: ☁ jedes Wetter

„DER SCHÖNSTE LUXUS IST ZEIT. UND EIN CROISSANT IM BETT."
– Frühstücksphilosophie

💡 Langsames Frühstücken senkt nachweislich den Cortisolspiegel am Morgen und fördert eine gesündere Verdauung. Außerdem kann es die Laune für den ganzen Tag positiv beeinflussen.
(QUELLE: HARVARD HEALTH PUBLISHING, 2020)

Kategorie: Stressreduktion

Die Hände in der Erde, Sonne im Gesicht, der Duft von Kräutern in der Luft. Ein Tag im Garten bringt Ruhe in den Kopf und Leben in die Hände. Du pflanzt, zupfst, gießt – und dabei wächst nicht nur das Grün, sondern auch deine innere Ruhe.

Du brauchst:
Zugang zu Garten oder Balkon, Pflanzen, Werkzeuge (Handschaufel, Gießkanne, Handschuhe)

Ort: 🌿 draußen
Kosten: 💰 kostenlos bis € (je nach Material)
Dauer: ⏱ kurz bis lang
Mit wem möglich? 🧍 alleine / 🖤 zu zweit / 👫 Gruppe
Mit Tieren: 🐾 ja
Wetter: ☁ trocken & mild empfohlen

„IN EINEM GARTEN WÄCHST MEHR ALS MAN GESÄT HAT."
– Sprichwort

💡 Gärtnern reduziert laut Studien Stress, fördert Achtsamkeit und kann depressive Symptome lindern. Der Kontakt mit Mikroben im Boden wirkt positiv auf das Immunsystem.
(QUELLE: VAN DEN BERG & CUSTERS, 2011, JOURNAL OF HEALTH PSYCHOLOGY)

Kategorie: Stressreduktion

Augen zu, Nase an: Dieses Spiel weckt Kindheitserinnerungen und schärft die Sinne. Du errätst verschiedene Gewürze nur am Duft – vom warmen Zimt bis zum erdigen Kreuzkümmel. Eine Reise durch die Welt der Aromen – meditativ, spielerisch und überraschend lehrreich.

Du brauchst:
Verschiedene Gewürze (mind. 6–10), kleine Gläser oder Stoffbeutel, Augenbinde

Ort: 🏠 drinnen
Kosten: 💸 günstig
Dauer: ⏱ kurz
Mit wem möglich? 👫 Gruppe / 🖤 zu zweit
Mit Tieren: 🐾 lieber ohne
Wetter: ☁ besonders gut bei Schlechtwetter

„GERUCH IST DAS GEDÄCHTNIS DER KÜCHE."
– Gewürzpoesie

💡 Der Geruchssinn ist eng mit dem limbischen System verbunden – dem Zentrum für Emotionen und Erinnerung. Düfte können dadurch starke Gefühle und alte Erinnerungen hervorrufen.
(QUELLE: HERZ, 2004, NATURE NEUROSCIENCE)

Kategorie: Stressreduktion

Du liegst, hörst – und reist. Bei einer Klangreise begleiten dich Töne von Klangschalen, Gongs oder Naturgeräuschen in tiefe Entspannung. Jeder Ton öffnet einen Raum. Du musst nichts tun – nur lauschen.

Du brauchst:
Yogamatte oder Decke, evtl. Audioaufnahme oder Live-Veranstaltung, bequeme Kleidung

Ort: 🏠 drinnen (Yogastudio, Zuhause)
Kosten: 💸 kostenlos bis €
Dauer: ⏱ mittel
Mit wem möglich? 👤 alleine
Mit Tieren: 🐾 eher nicht (zu sensibel für die Klänge)
Wetter: ☁ wetterunabhängig

„DER KLANG HEILT DORT, WO WORTE NICHT HINKOMMEN."
– Hazrat Inayat Khan

💡 Klangreisen fördern Alphawellen im Gehirn, die mit Entspannung, Kreativität und innerer Ruhe in Verbindung stehen. Besonders wirksam: tiefe, rhythmische Töne.
(QUELLE: FACHNER, 2006, MUSIC AND ALTERED STATES)

Kategorie: Stressreduktion

Farben, Düfte, Stimmen – ein Marktbesuch ist ein Fest für die Sinne. Ob Bauernmarkt oder Wochenmarkt: Hier findest du saisonale Schätze, entdeckst neue Zutaten und kannst direkt mit den Produzenten sprechen. Frischer und ehrlicher wird's kaum.

Du brauchst:
Stoffbeutel oder Korb, ggf. Einkaufszettel, Lust auf Neues, ein bisschen Zeit

Ort: 🏬 draußen
Kosten: 💸 €–€€
Dauer: ⏱ mittel
Mit wem möglich? 👤 alleine / 🖤 zu zweit / 👥 Gruppe
Mit Tieren: 🐾 je nach Markt erlaubt
Wetter: ☁ am schönsten bei Sonne

„WER ÜBER DEN MARKT SCHLENDERT, IS(S)T SCHON BEWUSSTER."
– *Frischephilosophie*

💡 Der Besuch eines Wochenmarkts spricht mehrere Sinne gleichzeitig an – Farben, Gerüche, Stimmen. Deese Form der Achtsamkeit fördert positive Emotionen und reduziert nachweislich Stress.
(QUELLE: CITY OF MADISON, 2017, EMPLOYEE ASSISTANCE PROGRAM)

Kategorie: Stressreduktion

Einfach sitzen. Beobachten. Atmen. Bei der Meditation geht es nicht darum, nichts zu denken – sondern bewusst mit dem zu sein, was gerade da ist. Gedanken kommen und gehen. Du bleibst. Mit jedem Atemzug ein Stück mehr bei dir selbst.

Du brauchst:
Ruhigen Ort, bequeme Sitzmöglichkeit (Kissen, Stuhl), evtl. Anleitung oder Timer

Ort: 🏠 drinnen oder 🌿 draußen
Kosten: 💰 kostenlos
Dauer: ⏱ sehr kurz bis lang
Mit wem möglich? 👤 alleine empfohlen
Mit Tieren: 🐾 möglich
Wetter: ☁ wetterunabhängig

„SETZE DICH STILL HIN. SEI STILL. UND DU WIRST ALLES FINDEN, WAS DU BRAUCHST."
– *Rumi*

💡 Regelmäßige Meditation senkt Stresshormone, stärkt die Aufmerksamkeit und kann sogar die Struktur des Gehirns positiv verändern.
(QUELLE: HÖLZEL ET AL., 2011, PSYCHIATRY RESEARCH: NEUROIMAGING)

Kategorie: Stressreduktion

Anspannen – halten – loslassen. Bei der Progressiven Muskelentspannung gehst du den Körper systematisch durch: Muskelgruppe für Muskelgruppe. Durch das Wechselspiel von Spannung und Entspannung wird dein Körper ruhiger – und dein Geist folgt.

Du brauchst:
Ruhiger Ort, bequeme Unterlage oder Stuhl, evtl. Anleitung (Audio oder Text)

Ort: 🏠 drinnen oder 🌿 draußen
Kosten: 💸 kostenlos
Dauer: ⏱ kurz bis mittel
Mit wem möglich? 👤 alleine oder 👥 gemeinsam
Mit Tieren: 🐾 möglich
Wetter: ☁ wetterunabhängig

„SPANNUNG IST, WER DU GLAUBST SEIN ZU MÜSSEN.
ENTSPANNUNG IST, WER DU BIST."
– *Chinechero*

💡 Progressive Muskelentspannung (PME) nach Jacobson ist wissenschaftlich fundiert und wird therapeutisch bei Stress, Schlafstörungen, Angst und chronischem Schmerz eingesetzt. (QUELLE: CONRAD & ROTH, 2007, APPLIED PSYCHOPHYSIOLOGY AND BIOFEEDBACK)

Kategorie: Stressreduktion

Einfach hinlegen, Augen schließen und die Musik wirken lassen. Eine ruhige Playlist kann dich tragen, beruhigen, trösten oder einfach begleiten. Ob Naturgeräusche, Ambient, Klavier oder meditative Klänge – du entscheidest, was dich innerlich weich macht.

Du brauchst:
Kopfhörer oder Lautsprecher, Zugang zu Musik (z. B. Streamingdienst), evtl. gemütlichen Platz

Ort: 🏠 drinnen oder 🌳 draußen
Kosten: 💸 kostenlos bis € (je nach Plattform)
Dauer: ⏱ kurz bis lang
Mit wem möglich? 👤 alleine
Mit Tieren: 🐾 ja
Wetter: ☁ wetterunabhängig

„WENN DIE WORTE FEHLEN, SPRICHT DIE MUSIK."
– Hans Christian Andersen

💡 Studien zeigen, dass langsame, melodische Musik nachweislich Puls und Blutdruck senkt, die Atmung beruhigt und sogar die Ausschüttung von Stresshormonen reduziert.
(QUELLE: THOMA ET AL.,2013, PSYCHONEUROENDOCRINOLOGY)

Kategorie: Stressreduktion

Zuhause zur Wohlfühloase machen: warmes Licht, ein duftendes Bad, Gesichtsmaske, vielleicht ruhige Musik. Ein Spa-Abend schenkt dir Zeit für dich. Du pflegst nicht nur deinen Körper, sondern auch dein inneres Gleichgewicht.

Du brauchst:
Kerzen, Bad oder Fußbad, Pflegeprodukte (z. B. Maske, Peeling), Musik, evtl. Bademantel

Ort: 🏠 drinnen
Kosten: 💸 € (je nach Aufwand)
Dauer: ⏱ mittel bis lang
Mit wem möglich? 👤 alleine / 🖤 zu zweit
Mit Tieren: 🐾 möglich
Wetter: ☁ wetterunabhängig

„SORGE GUT FÜR DEINEN KÖRPER – ER IST DER EINZIGE ORT, DEN DU ZUM LEBEN HAST."
– Jim Rohn

💡 Selbstfürsorge-Routinen wie ein Spa-Abend fördern Selbstwert, Körperwahrnehmung und reduzieren Stress. Kleine Rituale im Alltag stärken laut Studien die emotionale Resilienz.
(QUELLE: SKINTA ET AL., 2021, MINDFULNESS AND SELF-COMPASSION RESEARCH)

Kategorie: Stressreduktion

Dehnen. Halten. Loslassen. Stretching bringt Beweglichkeit in den Körper und Weite in den Geist. Du brauchst keine Vorkenntnisse, nur ein paar Minuten Zeit und deinen Atem. Besonders am Morgen oder Abend schenkt es dir bewusste Präsenz im Körper.

Du brauchst:
Bequeme Kleidung, Matte oder Teppich, evtl. Musik oder Anleitung

Ort: 🏠 drinnen oder 🌳 draußen
Kosten: 💸 kostenlos
Dauer: ⏱ kurz bis mittel
Mit wem möglich? 👤 alleine oder 👥 gemeinsam
Mit Tieren: 🐾 möglich
Wetter: ☁ wetterunabhängig

„JEDE DEHNUNG IST EIN STILLES JA ZUM KÖRPER."
– Unbekannt

💡 Regelmäßiges Stretching reduziert muskuläre Verspannungen, verbessert die Haltung und unterstützt die Stressverarbeitung. Auch Atemtiefe und Schlafqualität profitieren davon.
(QUELLE: BEHM ET AL., 2016, SCANDINAVIAN JOURNAL OF MEDICINE & SCIENCE IN SPORTS)

Kategorie: Stressreduktion

Aufwachen – und einfach schauen, wohin der Tag dich trägt. Keine Termine, kein Muss, kein Takt. Ein Tag ohne Zeitplan ist ein Geschenk an deine Intuition. Du folgst deinem Gefühl, deinem Tempo – und vielleicht auch deiner Langeweile.

Du brauchst:
Freiwillige Leere im Kalender, Geduld mit dir selbst, Lust auf Spontanität

Ort: 🏠 drinnen oder 🌿 draußen
Kosten: 💸 kostenlos
Dauer: ⏱ so lang wie du willst
Mit wem möglich? 👤 alleine / 🐾 zu zweit / 👫 Gruppe
Mit Tieren: 🐾 ja
Wetter: ☁ wetterunabhängig

„ZEIT, DIE WIR UNS NEHMEN, IST ZEIT, DIE UNS ETWAS GIBT."
– Ernst Ferstl

💡 Phasen ohne Struktur fördern Kreativität, Selbstregulation und emotionale Erholung. Studien zeigen, dass Ungeplantheit in Maßen die mentale Gesundheit stärkt – besonders in überorganisierten Alltagswelten.
(QUELLE: KORPELA ET AL., 2017, JOURNAL OF ENVIRONMENTAL PSYCHOLOGY)

Kategorie: Stressreduktion

Langsam gehen, tief einatmen, schauen, riechen, fühlen. Beim Waldbaden (Shinrin Yoku) tauchst du ganz bewusst in die Atmosphäre des Waldes ein. Ohne Ziel, ohne Tempo – einfach nur sein. Die Bäume tragen, der Boden erdet, die Stille heilt.

Du brauchst:
Wald oder baumreicher Park, bequeme Kleidung, Zeit

Ort: 🌳 draußen
Kosten: ✂ kostenlos
Dauer: ⏱ kurz bis lang
Mit wem möglich? 👤 alleine / ♥ zu zweit / 👥 Gruppe
Mit Tieren: 🐾 ja
Wetter: ☁ bei trockenem Wetter empfohlen

> „IM WALD SIND DIE DINGE BESSER GEORDNET ALS IN DER STADT."
> *– William Wordsworth*

💡 Waldbaden senkt laut Studien den Cortisolspiegel, verbessert das Immunsystem und aktiviert das parasympathische Nervensystem – besonders bei regelmäßigem Kontakt mit Bäumen.
(QUELLE: LI, 2018, ENVIRONMENTAL HEALTH AND PREVENTIVE MEDICINE)

Kategorie: Stressreduktion

Die Decke über dir, die Wärmflasche am Bauch, eine Geschichte im Ohr. Einfach liegen, zuhören, nichts tun. Ein Hörbuch mit Wärme ist wie ein sicherer Kokon für Körper und Gedanken – gemütlich, still, heilend.

Du brauchst:
Wärmflasche, Decke oder Bett, Zugang zu Hörbuch (z. B. App), evtl. Tee

Ort: 🏠 drinnen
Kosten: 💸 minimal bis € (je nach App/Buch)
Dauer: ⏱ kurz bis lang
Mit wem möglich? 👤 alleine
Mit Tieren: 🐾 ideal zum Kuscheln
Wetter: 🌧 perfekt bei Regen oder Kälte

„MANCHMAL BRAUCHT ES NICHT VIEL: NUR EINE STIMME,
DIE ERZÄHLT – UND ETWAS WÄRME."
– Unbekannt

💡 Wärme reduziert Muskelverspannungen, unterstützt das Wohlbefinden und wirkt beruhigend auf das Nervensystem. In Kombination mit entspannender akustischer Stimulation wie Hörbüchern verstärkt sich dieser Effekt.
(QUELLE: ECCLES, 2002, RHINOLOGY)

Kategorie: Stressreduktion

Loslassen, sinken, verweilen. Yin Yoga ist der stille Gegenpol zum aktiven Alltag. In jeder Haltung verweilst du Minuten – atmend, spürend, weich werdend. Es geht nicht ums Dehnen, sondern ums Zulassen. Tief. Sanft. Berührend.

Du brauchst:
Yogamatte, evtl. Kissen oder Polster, bequeme Kleidung, ruhiger Raum

Ort: 🏠 drinnen oder 🌿 draußen
Kosten: 💸 kostenlos bis € (für Anleitung oder Material)
Dauer: ⏱ mittel bis lang
Mit wem möglich? 👤 alleine oder 👥 gemeinsam
Mit Tieren: 🐾 möglich (als ruhige Begleiter)
Wetter: ☁ wetterunabhängig

„IM LOSLASSEN LIEGT DIE KRAFT."
– Taoistisches Sprichwort

💡 Yin Yoga aktiviert den Parasympathikus, fördert Faszien Gesundheit und unterstützt die emotionale Verarbeitung. Studien zeigen positive Effekte auf Stress, Schlaf und Selbstmitgefühl.
(QUELLE: PARK ET AL., 2018, INTERNATIONAL JOURNAL OF YOGA)

NIMM DIR EIN PAAR MINUTEN ZEIT, UM ZURÜCKZUBLICKEN UND
DEINE ERFAHRUNGEN AUS DIESEM KAPITEL ZU REFLEKTIEREN.

1. Welche Aktivität zur Stressreduktion hat dich am meisten angesprochen – und warum?
2. Gab es eine Übung, die du als besonders hilfreich empfunden hast?
3. Wie hat sich dein Körper oder deine Stimmung durch diese Aktivitäten verändert?
4. Was hast du über deinen Umgang mit Stress gelernt?
5. Gab es Überraschungen oder neue Einsichten?
6. Welche der Aktivitäten möchtest du regelmäßig in deinen Alltag integrieren?

SELBERMACHEN, KONTROLLE ERLEBEN, KOMPETENZERLEBEN

Zu spüren: Ich kann etwas verändern – ist heilsam. Gerade dann, wenn das Leben komplex oder überwältigend wirkt. Die hier versammelten Aktivitäten fördern dein Gefühl von **Kontrolle** und **Kompetenz**. Psychologisch spricht man von "Selbstwirksamkeitserwartung" – also dem inneren Vertrauen, Herausforderungen bewältigen zu können. Ob du nähst, baust oder fermentierst: Du stärkst nicht nur deine Fähigkeiten, sondern auch dein Vertrauen in dich selbst.

Kategorie: Selbstwirksamkeit

Was alt ist, muss nicht weg – es kann neu werden. Mit Schere, Nadel, Farbe oder Fantasie verwandelst du ein Kleidungsstück in etwas Eigenes. Das stärkt nicht nur dein Umweltbewusstsein, sondern auch dein Gefühl: *Ich kann etwas schaffen. Ich kann gestalten.*

Du brauchst:
Ein altes Kleidungsstück, Textilfarbe, Nähzeug, Schere, Aufnäher oder Bügeleisen – je nach Projekt

Ort: 🏠 drinnen
Kosten: 💰 gering (meist vorhandenes Material)
Dauer: 🕐 mittel
Mit wem möglich? 👤 alleine oder 👫 gemeinsam
Mit Tieren: 🐾 lieber nicht (Textilien!)
Wetter: ☁ wetterunabhängig

„STIL IST EINE ART ZU ZEIGEN, WER DU BIST – OHNE
SPRECHEN ZU MÜSSEN."
– *Rachel Zoe*

💡 Upcycling-Prozesse stärken laut Forschung zur „Do-it-yourself-Therapie" das Gefühl von Selbstwirksamkeit, Handlungskontrolle und Stolz – besonders bei kleinen kreativen Projekten.
(QUELLE: ROSNER & BEAN, 2009, PERSONAL AND UBIQUITOUS COMPUTING)

Kategorie: Selbstwirksamkeit

Diese kleinen DIY-Projekte machen Freude – nicht nur beim Machen, sondern auch beim Verschenken oder Selberverwöhnen. Mit einfachen Zutaten wie Öl, Zucker, Salz oder Wachs kannst du deine ganz eigenen Pflegeprodukte gestalten – natürlich, kreativ und duftend.

Du brauchst:
Für Badesalz: grobes Meersalz, ätherisches Öl, evtl. Blüten oder Farbe
Für Lippenbalsam: Bienenwachs, Sheabutter oder Kokosöl, kleine Döschen oder Gläser

Ort: 🏠 drinnen
Kosten: 💸 €
Dauer: ⏱ kurz bis mittel
Mit wem möglich? 👤 alleine / 👥 Gruppe / 🖤 zu zweit
Mit Tieren: 🐾 nicht geeignet
Wetter: ☁ jedes Wetter

„SELF-CARE IS HOW YOU TAKE YOUR POWER BACK."
– *Lalah Delia*

💡 Das bewusste Herstellen eigener Pflegeprodukte stärkt das Körperbewusstsein, vermittelt Selbstwirksamkeit und fördert nachweislich achtsames Verhalten im Alltag.
(QUELLE: GREVENSTEIN ET AL., 2018, MINDFULNESS & WELLBEING STUDIES)

Kategorie: Selbstwirksamkeit

Fermentieren ist eine Kunst, die es ermöglicht, Lebensmitteln eine völlig neue Dimension zu verleihen – sei es bei Sauerkraut, Kimchi oder fermentierten Getränken wie Kombucha. Die Fermentation bringt nicht nur Aromen hervor, sondern unterstützt auch die Gesundheit durch die Entwicklung von nützlichen Pro- und Präbiotika.

Du brauchst:
Frische Zutaten (Gemüse, Kräuter, Tees, Gewürze), Einmachgläser oder Fermentationsbehälter, Geduld

Ort: 🏠 drinnen (Küche)
Kosten: 💸 minimal bis mittel
Dauer: ⏱ mittel bis lang (meist mehrere Tage bis Wochen)
Mit wem möglich? 🧍 alleine / 👫 mit Freunden
Mit Tieren: 🐾 ja (aber nicht in der Nähe des Fermentationsprozesses)
Wetter: ☁ wetterunabhängig

„GEDULD IST DER GESCHMACK DER ZEIT."
– Aus der Fermentier-Kultur

💡 Fermentieren ist nicht nur ein achtsamer Küchenprozess, sondern unterstützt auch aktiv die Darmgesundheit – und damit unser emotionales Gleichgewicht.
(QUELLE: MARCO ET AL., 2017, CURRENT OPTION IN BIOTECHNOLOGY)

Kategorie: Selbstwirksamkeit

Storytelling trifft auf Geschmack! Ein Foodblog ist mehr als Rezepte – es ist eine Bühne für deine kulinarische Kreativität. Du kannst kochen, fotografieren, schreiben und mit anderen deine Leidenschaft teilen. Ganz gleich, ob du Anfänger oder schon Kochprofi bist: Dein Blog wächst mit dir – Bissen für Bissen.

Du brauchst:
Laptop oder PC, Smartphone oder Kamera, Kochleidenschaft, ggf. Website-Tool (z. B. WordPress, Wix, Substack)

Ort: 🏠 drinnen / 🌐 online
Kosten: 💸 kostenlos bis €
Dauer: ⏱ lang
Mit wem möglich? 👤 alleine
Mit Tieren: 🐾 nicht relevant
Wetter: ☁ jedes Wetter

„REZEPTE KANN MAN TEILEN – UND DAMIT ALLE EIN BISSCHEN SÄTTIGEN."
– Molly Yeh, Foodbloggerin

💡 Das Führen eines Foodblogs fördert Kreativität, Selbstreflexion und digitale Medienkompetenz – und kann laut Studien sogar helfen, Stress zu reduzieren, wenn es regelmäßig und leidenschaftlich betrieben wird. (QUELLE: DE CHOUDHURY ET AL., 2013, JOURNAL OF COMPUTER-MEDIATED COMMUNICATION)

Kategorie: Selbstwirksamkeit

Deine liebsten Rezepte, gesammelt an einem Ort – mit Bildern, Notizen und Erinnerungen. Ein selbst gestaltetes Kochbuch ist mehr als nur praktisch: Es ist ein Stück Identität, Kreativität und oft auch ein wunderschönes Geschenk.

Du brauchst:
Deine Lieblingsrezepte, Stifte oder Computer, ggf. Fotoausdrucke, Notizbuch oder digitales Tool (z. B. Canva, Notion, Scrapbook)

Ort: 🏠 drinnen
Kosten: 💸 kostenlos bis €
Dauer: ⏱ mittel bis lang
Mit wem möglich? 👤 alleine / 💙 zu zweit
Mit Tieren: 🐾 gern daneben
Wetter: ☁ gut bei Regenwetter

„EIN KOCHBUCH IST EIN TAGEBUCH IN AROMEN."
– Kulinarischer Gedanke

💡 Das kreative Aufschreiben oder Gestalten von Rezepten aktiviert ähnliche Gehirnareale wie Tagebuchschreiben – und fördert emotionale Verarbeitung sowie Selbstwirksamkeit.
(QUELLE: PENNEBAKER, 2014, *EXPRESSIVE WRITING IN HEALTH PSYCHOLOGY, JOURNAL OF HEALTH PSYCHOLOGY*)

Kategorie: Selbstwirksamkeit

Zeig die Welt aus deiner Sicht. Eine Mini-Doku muss nicht perfekt sein – nur ehrlich. Du kannst ein Thema, eine Person oder einen Ort porträtieren. Mit dem Smartphone, ein paar Aufnahmen, einer Idee und vielleicht etwas Musik erzählst du deine eigene kleine Geschichte.

Du brauchst:
Smartphone oder Kamera, Idee oder Thema, evtl. Schnittprogramm (z. B. CapCut, iMovie)

Ort: ☁ draußen oder 🏠 drinnen
Kosten: ✂ kostenlos bis €
Dauer: ⏱ mittel bis lang
Mit wem möglich? 👤 alleine / 🖤 zu zweit / 👥 Gruppe
Mit Tieren: 🐾 möglich (je nach Thema)
Wetter: ☁ wetterabhängig

„EINEN FILM ZU MACHEN HEISST, DIE WELT NEU ZU SEHEN."
– *Werner Herzog*

💡 Selbst erstellte Videos fördern laut Medienpsychologie das Selbstwirksamkeitserleben, stärken die digitale Ausdrucksfähigkeit und regen zur Reflexion über das eigene Umfeld an.
(QUELLE: AUFENANGER, 2020, MEDIENPÄDAGOGIK KOMPAKT)

Kategorie: Selbstwirksamkeit

Nähen ist mehr als Handwerk – es ist eine stille, fokussierte Kunst. Mit Nadel, Faden oder Nähmaschine kannst du Kleidung reparieren, Dinge verschönern oder Neues erschaffen. Es beginnt mit einfachen Stichen – und wächst mit dir.

Du brauchst:
Nadel & Faden oder Nähmaschine, Stoffreste oder alte Kleidung, Stecknadeln, Schere, evtl. Maßband und Anleitung

Ort: 🏠 drinnen
Kosten: 🧵 kostenlos (wenn vorhanden) / €
Dauer: ⏱ mittel
Mit wem möglich? 🧍 alleine / 👥 Gruppe / 🤍 zu zweit
Mit Tieren: 🐾 eher nicht geeignet
Wetter: ☁ jedes Wetter

„THE ACT OF SEWING IS A PROCESS OF EMOTIONAL REPAIR."
– Louise Bourgeois

💡 Nähen fördert Geduld, Feinmotorik und Selbstwirksamkeit. In der Ergotherapie gilt es als stärkend für Konzentration und das emotionale Gleichgewicht.
(QUELLE: BURNS ET AL., 2021, OCCUPATIONAL THERAPY INTERNATIONAL)

Kategorie: Selbstwirksamkeit

Lernen, wann du willst, wo du willst – ein Online-Kurs bringt dir neues Wissen direkt nach Hause. Ob Sprachen, Design, Psychologie oder Astronomie: Du bestimmst das Tempo, und das Thema wählst du nach deinem Interesse.

Du brauchst:
Laptop oder Smartphone, Internetverbindung, Plattform (z. B. Coursera, Skillshare, edX), Kopfhörer, ggf. Notizbuch

Ort: 🏠 drinnen / 🎒 unterwegs
Kosten: 💸 kostenlos bis €€
Dauer: ⏱ flexibel (von 30 Minuten bis mehrere Wochen)
Mit wem möglich? 👤 alleine
Mit Tieren: 🐾 sitzen gern daneben
Wetter: 🌧 ideal für Regentage

„ONLINE LERNEN HEISST: DIE WELT IM KOPF BEREISEN."
– E-Learning-Weisheit

💡 Online-Kurse fördern Selbstorganisation, Motivation und digitale Kompetenz – laut Studien besonders wirksam, wenn Inhalte interaktiv und visuell aufbereitet sind.
(QUELLE: JOURNAL OF ONLINE LEARNING RESEARCH, 2021)

Kategorie: Selbstwirksamkeit

Mit Perlen, Draht, Bändern oder Naturmaterialien kannst du Ketten, Armbänder, Ringe oder Ohrringe ganz nach deinem Stil gestalten. Es ist meditativ, detailverliebt und perfekt für kreative Auszeiten – zum Behalten oder Verschenken.

Du brauchst:
Perlen, Faden oder Draht, Schmuckzangen, Verschlüsse, ggf. Naturmaterialien oder Anhänger

Ort: 🏠 drinnen
Kosten: 🔑 €
Dauer: ⏱ kurz bis mittel
Mit wem möglich? 👤 alleine / 👫 Gruppe / ♥ zu zweit
Mit Tieren: 🐾 möglich
Wetter: ☁ jedes Wetter

„MAKING JEWELRY IS LIKE COMPOSING A POEM – ONE STONE, ONE SHAPE, ONE IDEA AT A TIME."
– *Paloma Picasso, Designerin und Tochter von Pablo Picasso*

💡 Das Basteln von Schmuck fördert Feinmotorik, Kreativität und Achtsamkeit. Besonders in Gruppen stärkt es soziale Verbundenheit und Selbstwirksamkeit.
(QUELLE: HAEYEN, 2019, ART THERAPY JOURNAL)

Kategorie: Selbstwirksamkeit

Seife selbst zu machen ist ein duftendes DIY-Erlebnis – ganz nach deinem Stil und deiner Haut. Mit Formen, Farben, Ölen oder Blüten kannst du Seifen für dich oder als Geschenk gestalten. Es verbindet Kreativität, Achtsamkeit und ein kleines bisschen Zauberei.

Du brauchst:
Seifenbasis (Glycerin- oder Naturseife), Seifenform, ätherische Öle, ggf. Farbpigmente, Blüten, Topf & Löffel (fürs Schmelzen)

Ort: 🏠 drinnen
Kosten: 💸 €
Dauer: ⏱ mittel
Mit wem möglich? 👤 alleine oder 👥 gemeinsam
Mit Tieren: 🐾 eher nicht geeignet
Wetter: ☁ jedes Wetter

„HANDGEMACHTES TRÄGT DIE SEELE SEINES SCHÖPFERS IN SICH."
– *Makoto Fujimura*

💡 Kreatives Arbeiten mit natürlichen Materialien stärkt laut Forschung die Sinneswahrnehmung und das Selbstwirksamkeitserleben – besonders in stressreichen Lebensphasen.
(QUELLE: HAGEDORN & WACHSMANN, 2021, PRAXIS NATURPÄDAGOGIK)

Kategorie: Selbstwirksamkeit

Jeder kann etwas – und beim Skillsharing teilst du dein Wissen oder lernst etwas Neues von anderen. Ob Stricken, Videoschnitt, Tanzen oder Excel: In kleiner Runde wird Lernen zum Geben und Nehmen.

Du brauchst:
Fähigkeit oder Thema, Raum (online oder offline), Material je nach Inhalt, Lust auf Austausch

Ort: 🏠 drinnen / 💻 online
Kosten: 💸 kostenlos
Dauer: ⏱ mittel
Mit wem möglich? 👥 Gruppe
Mit Tieren: 🐾 motivierende Beobachter
Wetter: ☁ immer möglich

„WISSEN WIRD MEHR, WENN MAN ES TEILT."
– Lernnetzwerk

💡 Skillsharing stärkt soziale Bindung, Selbstwirksamkeit und Motivation – laut Studien besonders, wenn es informell und interaktiv geschieht.
(QUELLE: ADULT LEARNING JOURNAL, 2019)

NIMM DIR EINEN MOMENT, UM ZU REFLEKTIEREN, WAS DU IN DIESEM KAPITEL ÜBER DEINE EIGENEN FÄHIGKEITEN UND GESTALTUNGSMÖGLICHKEITEN ENTDECKT HAST.

1. Welche Aktivität hat dir das stärkste Gefühl von „Ich kann etwas bewirken" gegeben – und warum?
2. Bei welcher Aufgabe hast du dich überrascht – vielleicht, weil du mehr konntest, als du dachtest?
3. Wie hat sich deine Stimmung nach dem Selbermachen oder Gestalten verändert?
4. Was hast du über deine eigenen Stärken oder Fähigkeiten gelernt?
5. Gibt es etwas, das du dir in Zukunft eher zutraust als vorher?
6. Welche Form von Selbermachen oder Gestalten möchtest du regelmäßig in dein Leben einbauen?

PRÄSENZ, SINNESFOKUS, BEWUSSTE WAHRNEHMUNG

Präsenz ist keine Technik – sondern ein Zustand. Achtsamkeit beginnt dort, wo du innehältst. Dieses Kapitel versammelt Methoden, die dich wieder in den Moment holen: durch Sinnesfokus, langsames Tun, stille Rituale. Neurowissenschaftlich belegt: Regelmäßige Achtsamkeitspraxis senkt Stress, stärkt die Emotionsregulation (die Fähigkeit, Gefühle bewusst zu lenken) und verändert messbar die Struktur des Gehirns – vor allem im präfrontalen Kortex und in der Amygdala - Bereichen, die mit **Klarheit** und **Gelassenheit** zu tun haben.

Kategorie: Achtsamkeit

Nicht als Pflicht, sondern als Praxis: Beim achtsamen Putzen geht es nicht ums Ergebnis, sondern ums Tun selbst. Jeder Schwammstrich, jeder Handgriff wird zur Meditation in Bewegung. Klarheit entsteht nicht nur außen – sondern auch innen.

Du brauchst:
Alltagsputzutensilien (Tuch, Schwamm, ggf. natürliche Reiniger), ein wenig Zeit und Ruhe

Ort: 🏠 drinnen
Kosten: 🍃 kostenlos
Dauer: ⏱ kurz bis mittel
Mit wem möglich? 👤 alleine
Mit Tieren: 🐾 möglich
Wetter: ☁ wetterunabhängig

„DER WEG ZUR ÄUSSEREN ORDNUNG BEGINNT MIT INNERER KLARHEIT."
– Marie Kondo

💡 Studien zeigen: Tätigkeiten wie Putzen oder Geschirrspülen in Achtsamkeit reduzieren Stresshormone, fördern Präsenz und wirken sogar stimmungsaufhellend.
(QUELLE: HANLEY ET AL., 2015, MINDFULNESS)

Kategorie: Achtsamkeit

Ein Audiowalk ist wie ein Spaziergang mit neuer Perspektive: Du hörst Geschichten, Sounds, Stimmen oder Musik – abgestimmt auf den Ort. Ob durch deine Nachbarschaft, einen Park oder eine fremde Stadt: Du entdeckst Vertrautes neu und siehst durch andere Augen.

Du brauchst:
Smartphone oder MP3-Player, Kopfhörer, evtl. App (z. B. Guidemate, Detour, radio aporee), bequeme Schuhe

Ort: 🚶 draußen
Kosten: 💸 kostenlos bis €
Dauer: ⏱ kurz bis mittel
Mit wem möglich? 👤 alleine / 👥 Gruppe / 🖤 zu zweit
Mit Tieren: 🐾 möglich
Wetter: ☁ bei gutem Wetter empfohlen

„ALLE WIRKLICH GROßEN GEDANKEN ENTSTEHEN BEIM
GEHEN.“
– *Friedrich Nietzsche*

💡 Studien zeigen, dass Audiowalks Aufmerksamkeit und Achtsamkeit im urbanen Raum steigern. Sie fördern zudem Orientierungssinn, emotionale Resonanz und narrative Verarbeitung.
(QUELLE: HURON&SPENCE, 2020, URBAN SOUNDSCAPE
RESEARCH))

AUSSICHTSPUNKT ERKUNDEN

Kategorie: Achtsamkeit

Du steigst höher, Schritt für Schritt – und dann liegt plötzlich alles unter dir: Felder, Dächer, Wälder, vielleicht sogar ein Sonnenuntergang. Ein Aussichtspunkt verändert deinen Blick. Es ist Bewegung mit Belohnung – und ein Moment der Weite.

Du brauchst:
Bequeme Schuhe, ggf. Trinkflasche, Kamera oder Fernglas

Ort: 🌳 draußen
Kosten: 💸 kostenlos
Dauer: ⏱ kurz bis mittel
Mit wem möglich? 👤 alleine / 🖤 zu zweit / 👫 Gruppe
Mit Tieren: 🐾 möglich
Wetter: ☀ am besten bei klarer Sicht

„NUR WER DEN GIPFEL KENNT, KENNT AUCH DAS TAL."
– Khalil Gibran

💡 Laut Naturpsychologie fördern Aussichtspunkte das Gefühl von Übersicht und Klarheit – und können laut Studien sogar dabei helfen, Entscheidungen zu treffen.
(QUELLE: KAPLAN & KAPLAN, 1989, THE EXPERIENCE OF NATURE)

Kategorie: Achtsamkeit

Rindenstücke, Kieselsteine, Matsch und Moos: Barfußpfade sind Erlebnisse für die Füße – und fürs Gehirn. Du entdeckst die Welt mit einem deiner meistunterschätzten Sinne: dem Tastsinn. Naturpfade entschleunigen, machen Spaß und fördern die Körperwahrnehmung.

Du brauchst:
Barfußpfad oder Naturerlebnispfad in deiner Nähe, evtl. Handtuch

Ort: 🌳 draußen
Kosten: 💰 kostenlos bis €
Dauer: ⏱ kurz bis mittel
Mit wem möglich? 👤 alleine / 💜 zu zweit / 👥 Gruppe
Mit Tieren: 🐾 möglich
Wetter: ☁ trockenes Wetter empfohlen

> „DER DIREKTE KONTAKT MIT DER ERDE ERINNERT UNS DARAN, DASS WIR DAZUGEHÖREN."
> *– Clarissa Pinkola Estés*

💡 Barfuß laufen stimuliert über 7.000 Nervenenden in unseren Fußsohlen – und damit auch unsere Körperwahrnehmung. Die direkte Verbindung zum Boden stärkt das Gleichgewichtssystem, reduziert muskuläre Anspannung und fördert ein Gefühl von Erdung und Präsenz.
(QUELLE: WARNECKE ET AL, 2017, JOURNAL FÜR NATURHEILKUNDE)

Kategorie: Achtsamkeit

Einatmen. Spannen. Zielen. Loslassen. Bogenschießen ist Konzentration pur – und gleichzeitig richtig kraftvoll. Es schult Fokus, Körperspannung und innere Ruhe. Ob traditionell im Wald oder auf einem modernen Platz: Dieser Sport hat etwas Ursprüngliches – wie ein Moment völliger Klarheit.

Du brauchst:
Bogen, Pfeile, Zielscheibe oder Bogenplatz (z. B. Verein, Parcours)

Ort: 🌳 draußen oder 🏠 Halle
Kosten: 💸 €–€€
Dauer: ⏱ kurz bis mittel
Mit wem möglich? 👤 alleine / 🖤 zu zweit / 👥 Gruppe
Mit Tieren: 🐾 nicht geeignet
Wetter: 🌥 jedes Wetter bei überdachtem Platz

„DER MOMENT, BEVOR DU LOSLÄSST – IST DER RUHIGSTE."
– Unbekannt

💡 Laut Sportpsychologie stärkt Bogenschießen nicht nur die Rumpfmuskulatur, sondern reduziert nachweislich Stress. Es fördert Geduld, Achtsamkeit und das sogenannte „Flow-Erleben".
(QUELLE: KIM ET AL., 2011, JOURNAL OF PHYSICAL EDUCATION AND SPORT)

BODY SCAN MEDITATION

Kategorie: Achtsamkeit

Du liegst ruhig da und wanderst mit der Aufmerksamkeit durch deinen Körper – von den Zehen bis zum Scheitel. Beim Body Scan geht es nicht ums Verändern, sondern ums Wahrnehmen. Du kommst an – in dir.

Du brauchst:
Ruhiger Ort, bequeme Unterlage, evtl. Audio-Anleitung oder App

Ort: 🏠 drinnen / 🍃 draußen
Kosten: 🪙 kostenlos
Dauer: ⏱ mittel
Mit wem möglich? 🧍 alleine
Mit Tieren: 🐾 möglich (wenn ruhig)
Wetter: ☁ wetterunabhängig

„KEHRE IN DEINEN KÖRPER ZURÜCK – ER IST DEIN ZUHAUSE."
– Jon Kabat-Zinn

💡 Body Scan Meditation verbessert nachweislich die Körperwahrnehmung und reduziert Stresssymptome. Sie wird u. a. in der MBSR-Methode eingesetzt und ist evidenzbasiert.
(QUELLE: KABAT-ZINN ET AL., 2003, PSYCHOSOMATIC MEDICINE)

BOTANISCHER GARTEN BESUCHEN

Kategorie: Achtsamkeit

Ein Spaziergang durch einen botanischen Garten fühlt sich oft an wie eine Weltreise in die Natur: exotische Pflanzen, seltene Blüten, duftende Pfade und faszinierende Formen. Ob für Ruhe, Staunen oder Inspiration – hier findest du alles in lebendigem Grün.

Du brauchst:
Bequeme Schuhe, evtl. Kamera oder Notizbuch, Eintritt (oft kostenlos oder ermäßigt)

Ort: 🌿 draußen
Kosten: 🌿 kostenlos bis €
Dauer: ⏱ kurz bis lang
Mit wem möglich? 👤 alleine / 🖤 zu zweit / 👥 Gruppe
Mit Tieren: 🐾 meist nicht erlaubt
Wetter: ☁ bei gutem Wetter empfohlen

„IN EINEM GARTEN WÄCHST MEHR ALS MAN GESÄT HAT."
– Sprichwort

💡 Ein Spaziergang durch einen botanischen Garten verbindet Naturerleben mit Staunen, Ruhe und Sinneseindrücken. Studien zeigen, dass selbst kurze Aufenthalte im Grünen Blutdruck senken, den Cortisolspiegel reduzieren und die Aufmerksamkeitsspanne verbessern können.
(QUELLE: FRAUNHOFER IAO, 2021, PUBLICA)

Kategorie: Achtsamkeit

Nimm alte Magazine, Prospekte oder Bücher und schneide daraus Wörter, Muster, Bilder oder einzelne Buchstaben aus. Kombiniere sie auf Papier zu Collagen, die Botschaften transportieren oder einfach deine Stimmung widerspiegeln – ganz intuitiv.

Du brauchst:
Zeitschriften, Schere, Kleber, Papier oder Karton

Ort: 🏠 drinnen
Kosten: ✂ kostenlos
Dauer: ⏱ kurz bis mittel
Mit wem möglich? 👤 alleine / 👥 Gruppe / 💙 zu zweit
Mit Tieren: 🐾 nicht geeignet
Wetter: ☁ jedes Wetter

„**KUNST WÄSCHT DEN STAUB DES ALLTAGS VON DER SEELE.**"
– Pablo Picasso

💡 Visuell-kreative Tätigkeiten wie Collagenbauen fördern Achtsamkeit, Stressreduktion und fördern die Verbindung zwischen Emotion und Ausdruck – besonders bei Menschen, die sich verbal schwertun. (QUELLE: DRAKE & WINNER, 2013, COGNITION AND EMOTION)

FOTOGRAFIE-EXPERIMENT

Kategorie: Achtsamkeit

Probiere neue Perspektiven, Lichtspiele, Spiegelungen oder thematische Serien aus – egal ob mit Kamera oder Smartphone. Du brauchst keine Profi-Ausrüstung – nur Neugier und einen offenen Blick für Details. Lass dich treiben und halte fest, was dich berührt.

Du brauchst:
Kamera oder Smartphone, ggf. Spiegel, Filter oder Alltagsobjekte zum Experimentieren

Ort: 🐚 draußen / 🏠 drinnen
Kosten: 💸 kostenlos
Dauer: ⏱ kurz bis lang
Mit wem möglich? 👤 alleine / 👥 Gruppe
Mit Tieren: 🐾 möglich
Wetter: ☁ jedes Wetter

„DIE KAMERA SIEHT MEHR ALS DAS AUGE – MANCHMAL VIEL MEHR."
– Dorothea Lange

💡 Kreative Fotografie fördert Achtsamkeit, visuelles Denken und das emotionale Ausdrucksvermögen. Studien zeigen, dass Menschen, die regelmäßig fotografieren, positiver auf ihren Alltag blicken.
(QUELLE: ZHANG ET AL., 2018, PSYCHOLOGY OF AESTHETICS, CREATIVITY, AND THE ARTS)

Kategorie: Achtsamkeit

Ob fruchtig, nussig oder schokoladig – Kaffee ist ein Universum aus Aromen. Bei einer kleinen Verkostung lernst du verschiedene Sorten, Röstungen und Zubereitungsarten kennen. Schluck für Schluck wirst du wacher – nicht nur körperlich, sondern auch im Geschmack.

Du brauchst:
3–5 Kaffeesorten (z. B. Filter, Espresso, Single Origin), heißes Wasser, Tassen, ggf. French Press oder Handfilter, Notizzettel

Ort: 🏠 drinnen
Kosten: 💸 €
Dauer: ⏱ kurz bis mittel
Mit wem möglich? 👤 alleine / 🖤 zu zweit / 👫 kleine Gruppe
Mit Tieren: 🐾 nicht relevant
Wetter: ☁ wetterunabhängig

„KAFFEE IST KEIN GETRÄNK – ES IST EIN CHARAKTER."
– *Barista-Weisheit*

💡 Eine bewusste Kaffee-Verkostung kann das Geschmacksempfinden schärfen und die Achtsamkeit steigern – ähnlich wie bei Wein- oder Tee-Tastings.
(QUELLE: FERNÁNDEZ-ALDUENDA ET AL., 2021, SPECIALTY COFFEE ASSOCIATION.)

KAKAOZEREMONIE

Kategorie: Achtsamkeit

Kakao trinken – aber bewusst. In der Zeremonie wird roher Kakao als herzöffnendes Ritual genossen. In Stille, mit Musik oder Meditation schaffst du einen Raum der Verbindung – zu dir selbst und zu anderen. Warm, tief und voller Gefühl.

Du brauchst:
Zeremoniellen Rohkakao (z. B. Criollo), Wasser oder Pflanzenmilch, Topf, ruhiger Raum, Kerze oder Musik

Ort: 🏠 drinnen
Kosten: 💸 €
Dauer: ⏱ mittel bis lang
Mit wem möglich? 👤 alleine / 👥 Gruppe
Mit Tieren: 🐾 nicht ideal
Wetter: 🌧 besonders schön bei Regen

„KAKAO WÄRMT NICHT NUR DEN KÖRPER, SONDERN
ÖFFNET DAS HERZ."
– Ritualspruch

💡 Rohkakao enthält Theobromin, das stimmungsaufhellend wirkt, sowie Anandamid – ein Molekül, das mit Glücksgefühlen in Verbindung gebracht wird.
(QUELLE: DARWIN NUTRITION, 2023)

Kategorie: Achtsamkeit

Draußen unterwegs, mit der Nase im Wind und einem Körbchen in der Hand: Kräuter sammeln verbindet dich mit der Natur. Ob für Tee, Küche oder Duftkissen – das Trocknen und Lagern deiner Funde schenkt dir ganzjährig Aromen und Erinnerungen.

Du brauchst:
Kräuterführer oder App, Stoffbeutel oder Körbchen, Schnur, Schere, ruhigen Ort zum Trocknen (z. B. Fensterbank, Dachboden)

Ort: 🌿 draußen (Sammeln), 🏠 drinnen (Trocknen)
Kosten: 💸 kostenlos
Dauer: ⏱ mittel (Sammeln) + ⏱ lang (Trocknen)
Mit wem möglich? 👤 alleine / 🖤 zu zweit
Mit Tieren: 🐾 super mit Hund
Wetter: ☁ bei gutem Wetter

„WAS DRAUSSEN WÄCHST, HEILT OFT DRINNEN."
– Kräuterweisheit

💡 Das Sammeln und Verarbeiten von Wildkräutern reduziert laut Studien Stress, fördert Achtsamkeit und stärkt die emotionale Verbindung zur Natur.
(QUELLE: POE ET AL., 2014, HUMAN ECOLOGY)

Kategorie: Achtsamkeit

Ein Kunstbuch ist kein Buch zum Durchlesen – sondern zum Verweilen. Es lädt dich ein, Bilder zu betrachten, Hintergründe zu entdecken und deinen Blick zu schulen. Ob Malerei, Fotografie oder Design: Kunstbücher öffnen Welten – ganz ohne Bildschirm.

Du brauchst:
Ein schönes Buch (Bibliothek, Buchladen oder secondhand), ruhigen Ort, evtl. Markierungen oder Notizen

Ort: 🏠 drinnen
Kosten: 💸 kostenlos bis €€
Dauer: ⏱ kurz bis lang
Mit wem möglich? 👤 alleine / 🖤 zu zweit
Mit Tieren: 🐾 möglich
Wetter: ☁ jedes Wetter

„JE LÄNGER DU SCHAUST, DESTO MEHR ENTDECKST DU."
– *John Berger*

💡 Das bewusste Betrachten von Kunstbildern fördert laut Studien kognitive Ruhe, regt kreative Prozesse an und stärkt emotionale Feinwahrnehmung – vergleichbar mit Achtsamkeitsübungen.
(QUELLE: LEDER ET AL., 2004, PSYCHOLOGY OF AESTHETICS)

Kategorie: Achtsamkeit

Langsamkeit ist eine kleine Rebellion gegen das Immer-schneller. Wenn du Dinge mit Muße tust, nimmst du mehr wahr – dich, den Moment, das Leben. Es geht nicht um weniger tun, sondern bewusster. Wer langsam lebt, lebt oft echter.

Du brauchst:
Zeit ohne Uhr, Lieblingsmusik, ruhigen Ort, Offenheit für Entschleunigung – evtl. Tee, Notizbuch, gemütliche Kleidung

Ort: 🏠 drinnen / 🌿 draußen
Kosten: 💸 kostenlos
Dauer: ⏱ beliebig
Mit wem möglich? 👤 alleine / 🖤 zu zweit
Mit Tieren: 🐾 möglich
Wetter: ☁ jedes Wetter

„MAN SIEHT NUR MIT DEM HERZEN GUT. DOCH DAFÜR BRAUCHT DAS HERZ ZEIT."
– *Antoine de Saint-Exupéry*

💡 Langsames Handeln aktiviert den Parasympathikus – den Teil des Nervensystems, der für Ruhe und Regeneration zuständig ist. Es stärkt Resilienz, Achtsamkeit und Selbstwahrnehmung.
(QUELLE: BRACH, 2019, RADICAL COMPASSION)

LEGO-KUNST & BAUPROJEKTE

Kategorie: Achtsamkeit

Lego ist längst nicht nur Spielzeug – es ist ein künstlerisches Medium. Du kannst Objekte, Muster, Miniaturwelten oder ganze Szenen bauen. Ganz gleich ob freestyle oder nach Vorlage – das Bauen mit Lego trainiert Geduld, Vorstellungskraft und Kreativität.

Du brauchst:
Lego-Bausteine (gemischt oder thematisch), evtl. Unterlage, ggf. Bauideen oder Vorlagen

Ort: 🏠 drinnen
Kosten: 💸 kostenlos (wenn vorhanden) / €
Dauer: ⏱ kurz bis lang
Mit wem möglich? 👤 alleine / 👥 Gruppe / 💜 zu zweit
Mit Tieren: 🐾 eher nicht geeignet
Wetter: ☁ jedes Wetter

„KREATIVITÄT BEGINNT DORT, WO DIE ANLEITUNG ENDET."
– Unbekannt

💡 Lego fördert räumliches Denken, Problemlösefähigkeit und motorische Koordination. Es wird sogar therapeutisch eingesetzt, um Achtsamkeit und Flow-Zustände zu unterstützen.
(QUELLE: BARTNECK ET AL., 2020, JOURNAL OF PLAY AND CREATIVITY)

Kategorie: Achtsamkeit

Mit nur wenigen Knoten entstehen aus Garn oder Seil wunderschöne Wandbehänge, Schlüsselanhänger oder Pflanzenhänger. Makramee beruhigt, erdet und schenkt sichtbare Ergebnisse. Es ist meditativ, kreativ – und leichter, als es aussieht.

Du brauchst:
Makramee-Garn oder Baumwollseil, Schere, evtl. Holzstäbe oder Ringe, Anleitung oder Vorlage

Ort: 🏠 drinnen / 🍃 draußen
Kosten: ✂ €
Dauer: ⏱ mittel
Mit wem möglich? 🧍 alleine / 👥 Gruppe / ♥ zu zweit
Mit Tieren: 🐾 möglich
Wetter: ☁ jedes Wetter

„IM RHYTHMUS DER KNOTEN FINDET DIE SEELE RUHE."
– In Anlehnung an achtsamkeitsbasierte Textilien-Therapie

💡 Die rhythmische Wiederholung beim Knüpfen reduziert laut Studien Stress und wirkt ähnlich wie achtsames Atmen – ideal bei innerer Unruhe.
(QUELLE: VICKHOFF ET AL., 2013, FRONTIERS IN PSYCHOLOGY)

Kategorie: Achtsamkeit

Essen, ganz bewusst. Kauen, schmecken, wahrnehmen – ohne Ablenkung. Beim Mindful Eating geht es nicht um Regeln oder Verbote, sondern ums Erleben. Ein Bissen nach dem anderen, mit Dankbarkeit und Präsenz. So wird jede Mahlzeit zur kleinen Meditation.

Du brauchst:
Einfaches, bewusst gewähltes Essen, ruhige Umgebung, Zeit

Ort: 🏠 drinnen oder 🌿 draußen
Kosten: 💸 je nach Mahlzeit
Dauer: ⏱ kurz bis mittel
Mit wem möglich? 👤 alleine / 🖤 zu zweit
Mit Tieren: 🐾 besser ohne
Wetter: ☁ wetterunabhängig

„ESSEN IST EIN BEDÜRFNIS – GENIESSEN EINE KUNST."
– François de La Rochefoucauld

💡 Achtsames Essen kann das Essverhalten langfristig positiv verändern, fördert die Verdauung, reduziert emotionales Essen und steigert das Geschmackserlebnis.
(QUELLE: KRISTELLER ET AL., 2014, EATING BEHAVIORS)

Kategorie: Achtsamkeit

Wenn der Wald leise wird und die Dunkelheit alles verändert, beginnt ein besonderes Abenteuer. Eine Nachtwanderung schärft deine Sinne, bringt Ruhe in den Kopf und verbindet dich mit der Natur auf eine ganz neue Weise.

Du brauchst:
Taschenlampe oder Stirnlampe, wetterfeste Kleidung, ggf. Begleitung

Ort: 🌳 draußen
Kosten: 💸 kostenlos
Dauer: ⏱ mittel
Mit wem möglich? 💚 zu zweit / 👥 Gruppe
Mit Tieren: 🐾 möglich (ruhige Hunde)
Wetter: ☁ trockenes Wetter empfohlen

„DIE DUNKELHEIT ZEIGT UNS STERNE, DIE AM TAG
VERBORGEN SIND."
– Charles a. Beard

💡 Nachtwanderungen können laut Umweltpsychologie die Achtsamkeit steigern, Ängste abbauen und das Gefühl von Naturverbundenheit fördern – besonders durch den reduzierten visuellen Reiz.
(QUELLE: HINDS & SPARKS, 2009, JOURNAL OF ENVIRONMENTAL PSYCHOLOGY)

Kategorie: Achtsamkeit

Ein Blatt, das sich im Wind bewegt. Ein Vogel, der singt. Eine Schnecke, die über einen Stein gleitet. Wenn du Natur beobachtest, wird alles stiller – auch in dir. Du brauchst nichts zu tun, nur zu schauen. Und staunen.

Du brauchst:
Zeit, Offenheit, evtl. Fernglas oder Notizbuch

Ort: 🌳 draußen (Wald, Park, Wiese, Balkon)
Kosten: 💸 kostenlos
Dauer: ⏱ kurz bis lang
Mit wem möglich? 👤 alleine / 🖤 zu zweit / 👫 Gruppe
Mit Tieren: 🐾 ja
Wetter: ⛅ bei mildem Wetter empfohlen

„SCHAU TIEF IN DIE NATUR – UND DU WIRST ALLES BESSER VERSTEHEN."
– *Albert Einstein*

💡 Naturbeobachtung fördert Achtsamkeit, senkt das Stresslevel und aktiviert nachweislich das parasympathische Nervensystem – das für Ruhe und Regeneration zuständig ist.
(QUELLE: LEE ET AL., 2012, PUBLIC HEALTH)

Kategorie: Achtsamkeit

Weicher Teig, mehlige Finger, duftende Nudelträume – Pasta selbst zu machen ist ein meditatives Abenteuer. Ob Tagliatelle, Ravioli oder Gnocchi: Du brauchst nur wenige Zutaten, aber dafür Liebe und Geduld. Und am Ende: echtes Soulfood.

Du brauchst:
Mehl, Eier (oder vegane Alternative), Nudelholz oder Nudelmaschine, Messer oder Ausstecher, etwas Zeit

Ort: 🏠 drinnen
Kosten: 💸 günstig
Dauer: ⏱ mittel bis lang
Mit wem möglich? 🧍 alleine / 🖤 zu zweit
Mit Tieren: 🐾 neugierige Nasen willkommen
Wetter: ☁ perfekt für drinnen

„PASTA SELBST GEMACHT IST WIE UMARMUNG ZUM ESSEN."
– Pastaliebhabende Nonna

💡 Die manuelle Zubereitung von Pasta fördert Achtsamkeit, Hand-Auge-Koordination und kann laut Studien sogar die Resilienz gegenüber Alltagsstress verbessern.
(QUELLE: MAZZOCCHI ET AL., 2024)

Kategorie: Achtsamkeit

Ein Spaziergang – ohne Worte, ohne Musik, ohne Handy. Nur du und der Weg. Du gehst langsam, atmest, hörst, siehst. Der Silent Walk ist eine Einladung, mit allen Sinnen da zu sein. Schweigend – und ganz lebendig.

Du brauchst:
Ruhige Umgebung, bequeme Schuhe, evtl. eine Strecke in der Natur

Ort: 🌿 draußen (Wald, Park, Feldweg)
Kosten: 🍃 kostenlos
Dauer: ⏱ kurz bis lang
Mit wem möglich? 👤 alleine / 🖤 zu zweit (wenn beide still sind)
Mit Tieren: 🐾 ja
Wetter: ☁ bei trockenem Wetter empfohlen

„DIE STILLE IST NICHT LEER – SIE IST VOLLER ANTWORTEN."
– Rumi

💡 Stilles Gehen fördert die Achtsamkeit, senkt den Blutdruck und verbessert die emotionale Regulation. Schon 10 Minuten täglich können nachweislich das Stressempfinden senken.
(QUELLE: ULRICH ET AL., 1991, JOURNAL OF ENVIRONMENTAL PSYCHOLOGY)

SMOOTHIE-BOWL KREIEREN

Kategorie: Achtsamkeit

Eine Schüssel voll Farbe, Vitamine und Fantasie – Smoothie-Bowls sind das perfekte Frühstück oder Soulfood für zwischendurch. Ob beerig, tropisch oder grün: Du kombinierst, dekorierst und genießt mit Löffel und Lächeln.

Du brauchst:
Mixer oder Pürierstab, Obst (z. B. Banane, Beeren, Mango), Toppings (z. B. Nüsse, Samen, Granola, Kokos), Schüssel

Ort: 🏠 drinnen
Kosten: 💸 €
Dauer: ⏱ kurz
Mit wem möglich? 🧍 alleine / 💜 zu zweit
Mit Tieren: 🐾 ja (als Zuschauer)
Wetter: ☀ ideal im Sommer

„JEDE BOWL IST EIN KLEINES KUNSTWERK, DAS MAN ESSEN KANN."
– Frühstückspoetin

💡 Die Kombination aus Farben, Texturen und gesunden Zutaten fördert laut Studien die achtsame Ernährung und kann sogar das emotionale Essverhalten positiv beeinflussen.
(QUELLE: VAN HERPEN ET AL., 2011, APPETITE JOURNAL)

WOLKENSCHAUEN

Kategorie: Achtsamkeit

Himmel ansehen, Gedanken ziehen lassen. Beim Wolkenschauen brauchst du nichts – nur den Blick nach oben. Vielleicht erkennst du Formen, vielleicht schließt du einfach die Augen halb und träumst dich fort. Ein stilles Spiel mit Licht und Luft.

Du brauchst:
Freien Blick zum Himmel, evtl. Decke oder Liegefläche im Freien

Ort: 🌥 draußen (Wiese, Balkon, Park)
Kosten: 🐾 kostenlos
Dauer: ⏱ kurz bis mittel
Mit wem möglich? 👤 alleine / 🖤 zu zweit
Mit Tieren: 🐾 ja
Wetter: 🌥 bei freundlichem wolkigem Himmel

„ES GIBT NICHTS NÜTZLICHERES ALS EIN NUTZLOSES SPIEL
MIT WOLKEN."
– John Ruskin

💡 Der Blick in den Himmel unterstützt laut Studien die geistige Entspannung, Kreativitätsförderung und ist sogar mit einem Gefühl von Weite und innerer Freiheit verbunden.
(QUELLE: KAPLAN & KAPLAN, 1989, THE EXPERIENCE OF NATURE)

NIMM DIR ZEIT, UM IN DICH HINEINZUHÖREN UND ZU BEOBACHTEN, WAS SICH DURCH DIE ACHTSAMEN AKTIVITÄTEN IN DIESEM KAPITEL BEI DIR VERÄNDERT HAT.

1. Bei welcher Aktivität konntest du besonders im Moment ankommen – und warum?
2. Was hast du durch langsames, bewusstes Tun über deine Gedanken oder Gefühle bemerkt?
3. Welche Sinneseindrücke haben dich besonders berührt oder überrascht?
4. Was bedeutet Achtsamkeit für dich persönlich – nach deinen eigenen Erfahrungen?
5. Welche Rolle spielt Achtsamkeit in deinem Alltag bisher?
6. Bei welchen alltäglichen Tätigkeiten möchtest du künftig mehr Achtsamkeit üben?

4 EMOTIONALE VERARBEITUNG

GEFÜHLE AUSDRÜCKEN, REFLEKTIEREN, INNERES ERLEBEN ORDNEN

Gefühle, die keinen Ausdruck finden, bleiben im System gespeichert. Schreiben, malen, klingen – all das sind Formen, um Erlebtes zu wandeln. Dieses Kapitel lädt dich ein, dein Inneres in Bewegung zu bringen. In der Emotionspsychologie spricht man von "Expressivem Coping" – das bedeutet: **Gefühle bewusst ausdrücken**, statt sie zu verdrängen. Du wirst merken: Was sich zeigen darf, kann sich verändern.

BRIEF AN EIN GEFÜHL

Kategorie: Emotionale Verarbeitung

Manchmal hilft es, ein Gefühl nicht zu verdrängen, sondern ihm zuzuhören. Bei dieser Aktivität schreibst du einen Brief – an deine Angst, deine Wut, deine Trauer, Freude oder Unsicherheit. Du kannst dem Gefühl sagen, was es mit dir macht, was du von ihm brauchst oder was du ihm danken oder vorwerfen willst. Es geht ums Verstehen.

Du brauchst:
Papier oder Notizbuch, Stift, ruhiger Moment

Ort: 🏠 drinnen oder 🌳 draußen
Kosten: 💸 kostenlos
Dauer: ⏱ 15–30 Minuten
Mit wem möglich? 👤 alleine

Mit Tieren: 🐾 als Zuschauer
Wetter: ☁ wetterunabhängig

„WAS WIR ANSCHAUEN, KANN SICH VERÄNDERN. WAS WIR VERDRÄNGEN, BLEIBT."
– *Emotionale Wahrheit*

💡 Studien zeigen: Das bewusste Schreiben über Gefühle kann emotionale Klarheit schaffen, den inneren Dialog verbessern und emotionale Selbstregulation fördern – besonders in schwierigen Lebensphasen.
(QUELLE: PENNEBAKER & CHUNG, 2011, THE HANDBOOK OF HEALTH PSYCHOLOGY)

COLLAGE MIT PERSÖNLICHEN FOTOS

Kategorie: Emotionale Verarbeitung

Sammle deine Lieblingsfotos – digital oder ausgedruckt – und arrangiere sie zu einer persönlichen Collage. Kombiniere sie mit Zitaten, Stickern oder kleinen Erinnerungsstücken. Eine kreative Reise durch deine Erinnerungen, perfekt als Geschenk oder für dich selbst.

Du brauchst:
Fotos (ausgedruckt oder Polaroid), Papier oder Karton, Schere, Kleber, Deko-Elemente wie Washi-Tape, Stifte, Sticker

Ort: 🏠 drinnen
Kosten: 💸 kostenlos bis €
Dauer: ⏱ kurz bis mittel
Mit wem möglich? 👤 alleine / 👥 Gruppe / ♥ zu zweit
Mit Tieren: 🐾 eher nicht geeignet
Wetter: ☁ jedes Wetter

„COLLAGEN SIND GESCHICHTEN AUS ERINNERUNGEN –
ZUSAMMENGESETZT MIT HERZ UND SCHERE."
– Eigene Formulierung (inspiriert von Kunstpädagogik)

💡 Das kreative Arbeiten mit persönlichen Bildern kann emotionale Verarbeitung, Selbstreflexion und das Gefühl von Dankbarkeit fördern. (QUELLE: NEIMEYER ET AL., 2006, MEMORY STUDIES)

CREATIVE WRITING (KREATIVES SCHREIBEN)

Kategorie: Emotionale Verarbeitung

Lass deine Gedanken fließen – ganz ohne Anspruch auf „richtig".
Schreibe frei aus dem Bauch heraus: kurze Szenen, Gedankenfetzen,
Geschichten, Dialoge oder poetische Notizen. Es geht nicht ums
Ergebnis, sondern ums Loslassen, Reflektieren und Träumen.

Du brauchst:
Papier & Stift oder digitales Schreibgerät, Ruhe oder Musik, evtl.
Schreibimpulse

Ort: 🏠 drinnen / 🌞 draußen
Kosten: 🪙 kostenlos
Dauer: ⏱ kurz bis lang
Mit wem möglich? 👤 alleine
Mit Tieren: 🐾 möglich
Wetter: ☁ jedes Wetter

„SCHREIBEN HEIßT, SICH SELBST ZU LESEN."
– Max Frisch

💡 Freies Schreiben kann emotionale Verarbeitung unterstützen, Stress
reduzieren und das Selbstwertgefühl stärken – besonders, wenn
regelmäßig geübt.
(QUELLE: PENNEBAKER & CHUNG, 2011, WRITING AS A
THERAPEUTIC PROCESS)

Kategorie: Emotionale Verarbeitung

Eine selbstgemachte Karte ist mehr als Papier – sie ist Nähe zum Anfassen. Ob für Geburtstage, kleine Botschaften oder einfach so: Du kannst mit Collagen, Zeichnungen, Stempeln oder Texten ganz persönliche Grüße gestalten – und jemandem echte Freude machen.

Du brauchst:
Karton oder Blanko-Karten, Stifte, Farben, Kleber, Deko (z. B. Washi-Tape, Stempel, Sticker), Umschlag, Briefmarke

Ort: 🏠 drinnen
Kosten: ✂ kostenlos bis €
Dauer: ⏱ kurz bis mittel
Mit wem möglich? 👤 alleine / 👥 Gruppe / ♥ zu zweit
Mit Tieren: 🐾 möglich
Wetter: ☁ jedes Wetter

„ES GIBT KEINEN ZAUBER, DER DER ZÄRTLICHKEIT DES HERZENS UND DER BESTÄNDIGEN FREUNDLICHKEIT EINES HANDGESCHRIEBENEN BRIEFES GLEICHKOMMT."
– Jane Austin

💡 Eine handgeschriebene Karte stärkt nicht nur die Verbindung zum Gegenüber, sondern aktiviert auch selbst positive Emotionen. Besonders das Formulieren von Dankbarkeit oder Verbundenheit hat einen messbaren Effekt auf das Wohlbefinden.
(QUELLE: TOEPFER, 2012, JOURNAL OF HAPPINESS STUDIES)

Kategorie: Emotionale Verarbeitung

Ein gutes Buch, ein stiller Raum, das warme Flackern einer Kerze. Lesen bei Kerzenlicht entschleunigt und schenkt Geborgenheit. Die Welt wird kleiner – und reicher. Vielleicht ist es ein Gedicht, ein Roman, ein Satz, der bleibt.

Du brauchst:
Ein Buch, Kerze(n), evtl. Decke oder gemütlicher Platz

Ort: 🏠 drinnen
Kosten: 💸 kostenlos bis € (für Buch/Kerze)
Dauer: ⏱ kurz bis lang
Mit wem möglich? 👤 alleine
Mit Tieren: 🐾 ja
Wetter: ☁ wetterunabhängig

„LESEN BEI KERZENLICHT IST WIE EIN GESPRÄCH MIT DER SEELE."
– Unbekannt

💡 Kerzenlicht schafft eine weiche, beruhigende Atmosphäre, die das Stresslevel senken kann. Gleichzeitig kann langsames, analoges Lesen zur Entschleunigung beitragen.
(QUELLE: ANCIENT CANDLE CO., 2023, BLOGPUBLIKATION)

Kategorie: Emotionale Verarbeitung

Du brauchst kein Motiv, keine Technik – nur Farbe und ein leeres Blatt. Male, was du fühlst, was sich zeigt oder was einfach fließen will. Es geht nicht ums Ergebnis, sondern ums Spüren, Loslassen und spielerische Selbsterleben.

Du brauchst:
Papier, Acryl-, Aquarell- oder Fingerfarben, Pinsel oder Hände, Wasser, Schutz für die Unterlage

Ort: 🏠 drinnen
Kosten: 🖌 €
Dauer: ⏱ kurz bis lang
Mit wem möglich? 👤 alleine / 👫 Gruppe / 💗 zu zweit
Mit Tieren: 🐾 eher nicht geeignet
Wetter: ☁ jedes Wetter

„WENN DU WISSEN WILLST, WAS IN DIR IST – FANG AN ZU MALEN."
– Freies Künstler:innen-Motto

💡 Intuitives Malen wird in der Kunsttherapie eingesetzt, um Gefühle nonverbal auszudrücken. Es kann emotionale Klarheit fördern und das Stressempfinden messbar senken.
(QUELLE: STUCKEY & NOBEL, 2010, AMERICAN JOURNAL OF PUBLIC HEALTH)

MANDALA ZEICHNEN ODER AUSMALEN

Kategorie: Emotionale Verarbeitung

Mandalas haben eine beruhigende, zentrierende Wirkung. Du kannst sie selbst gestalten oder ausdrucken und ausmalen. Es geht um Rhythmus, Wiederholung, Farbe und Fokus – eine einfache, aber tiefwirkende Form der meditativen Kreativität.

Du brauchst:
Papier, Stifte oder Farben, evtl. Zirkel oder Lineal, Mandala-Vorlagen (optional)

Ort: 🏠 drinnen
Kosten: 💸 kostenlos bis €
Dauer: ⏱ kurz bis mittel
Mit wem möglich? 🧍 alleine / 👫 Gruppe
Mit Tieren: 🐾 möglich
Wetter: ☁ jedes Wetter

„IN EINEM KREIS IST KEIN ANFANG UND KEIN ENDE – NUR GLEICHGEWICHT."
– Aus dem Sanskrit

💡 Studien zeigen, dass das Ausmalen von Mandalas Angst reduzieren, Aufmerksamkeit verbessern und das emotionale Gleichgewicht stärken kann – sogar
innerhalb weniger Minuten.
(QUELLE: CURRY & KASSER, 2005, ART THERAPY JOURNAL)

Kategorie: Emotionale Verarbeitung

Du brauchst keine perfekte Stimme oder Musiktheorie – nur ein Gefühl.
Ob am Klavier, mit Apps, Loops oder einfach mit deiner Stimme: Musik
entsteht, wenn du Emotionen in Klänge übersetzt. Du kannst Beats
bauen, Melodien entwickeln oder einfach improvisieren.

Du brauchst:
Instrument oder Musik-App (z. B. BandLab, GarageBand), Kopfhörer,
ggf. Mikrofon, Notizbuch

Ort: 🏠 drinnen / 🌐 online
Kosten: 💰 kostenlos bis €
Dauer: ⏱ kurz bis lang
Mit wem möglich? 👤 alleine / 👥 Gruppe / 💙 zu zweit
Mit Tieren: 🐾 möglich
Wetter: ☁ jedes Wetter

„MUSIK DRÜCKT AUS, WAS NICHT GESAGT WERDEN KANN
UND WORÜBER ZU SCHWEIGEN UNMÖGLICH IST."
– *Victor Hugo*

💡 Musik selbst zu komponieren aktiviert Emotion, Gedächtnis und
Kreativität. Studien zeigen, dass es Stress reduziert, die Stimmung hebt
und sogar neuronale Verbindungen stärkt.
(QUELLE: KOELSCH ET AL., 2005, TRENDS IN COGNITIVE
SCIENCES)

Kategorie: Emotionale Verarbeitung

Ob beim Spazieren, Kochen oder mit Kopfhörern im Bett – ein Podcast bringt dir Wissen, Geschichten oder Gedankenanstöße ins Ohr. Wenn du danach reflektierst, vertiefst du Inhalte, merkst dir mehr – und entwickelst deine Meinung dazu.

Du brauchst:
Podcast-Plattform (z. B. Spotify, Apple Podcasts), Thema deiner Wahl, evtl. Notizen oder Reflexionsfragen

Ort: 🏠 drinnen / 🚶 unterwegs
Kosten: 💸 meist kostenlos
Dauer: ⏱ kurz bis mittel
Mit wem möglich? 👤 alleine
Mit Tieren: 🐾 gute Begleiter beim Hören
Wetter: ☁ immer möglich

„WER GUT ZUHÖRT, LERNT DOPPELT – EINMAL MIT DEM OHR,
EINMAL MIT DEM HERZEN."
– Hörkultur

💡 Aktives Zuhören und anschließendes Reflektieren fördern laut Studien das Textverständnis, die emotionale Intelligenz und die Gedächtnisleistung.
(QUELLE: MCHUGH, 2016, INTERNATIONAL JOURNAL OF EDUCATIONAL TECHNOLOGY)

Kategorie: Emotionale Verarbeitung

Ein Tagebuch muss nicht nur aus Worten bestehen. Du kannst Gedanken, Skizzen, Zitate, Erinnerungen oder Collagen einfügen – ganz frei. Es wird ein kreativer Spiegel deiner inneren Welt, ein Rückzugsort für alles, was dich bewegt.

Du brauchst:
Notizbuch, Stifte, Marker, Kleber, Schere, evtl. Bilder, Sticker oder Washi-Tape

Ort: 🏠 drinnen
Kosten: 💸 kostenlos bis €
Dauer: ⏱ kurz bis lang
Mit wem möglich? 👤 alleine
Mit Tieren: 🐾 möglich
Wetter: ☁ jedes Wetter

„FÜLLE DEIN PAPIER MIT DEM ATEM DEINES HERZENS."
– William Wordsworth

💡 Tagebuchschreiben verbessert laut Forschung die emotionale Selbstwahrnehmung, hilft beim Verarbeiten von Erlebtem und steigert langfristig Wohlbefinden und Resilienz.
(QUELLE: PENNEBAKER & SMYTH, 2016, WRITING TO HEAL)

VIDEOTAGEBUCH DREHEN

Kategorie: Emotionale Verarbeitung

Sprich in die Kamera, was du denkst, fühlst oder erlebst. Ohne Publikum – nur für dich. Ein Videotagebuch hilft, Gedanken zu ordnen, dich selbst zu sehen und Veränderungen über die Zeit wahrzunehmen. Echt, direkt, unperfekt – aber ganz du.

Du brauchst:
Smartphone, Kamera oder Laptop mit Aufnahmefunktion, ggf. Stativ oder Mikro, ruhiger Raum

Ort: 🏠 drinnen
Kosten: 💸 kostenlos
Dauer: ⏱ kurz bis mittel
Mit wem möglich? 👤 alleine
Mit Tieren: 🐾 möglich
Wetter: ☁ jedes Wetter

„SICH SELBST ZU KENNEN IST DER ANFANG ALLER WEISHEIT."
– Aristoteles

💡 Das regelmäßige Festhalten von Gedanken per Video kann laut Studien Selbstreflexion, emotionale Klarheit und psychische Resilienz stärken – besonders in Phasen des Umbruchs.
(QUELLE: BERRY & PENNEBAKER, 2000, JOURNAL OF APPLIED PSYCHOLOGY)

DIESES KAPITEL LÄDT DAZU EIN, DEINE INNEREN GEFÜHLE
BEWUSSTER WAHRZUNEHMEN UND IHNEN RAUM ZU GEBEN.
NIMM DIR JETZT ETWAS ZEIT, UM DAS ERLEBTE ZU REFLEKTIEREN.

1. Welche Aktivität hat dir geholfen, deine Gefühle klarer zu spüren oder auszudrücken?
2. Gab es etwas, das dich emotional überrascht oder bewegt hat?
3. Wie hast du dich nach dem Ausdruck oder der Auseinandersetzung mit deinen Gefühlen gefühlt?
4. Was hast du über deine Gefühlswelt gelernt?
5. Gibt es Emotionen, die du bisher eher vermieden hast – und warum?
6. Welche Methode zur emotionalen Verarbeitung möchtest du in belastenden Momenten anwenden?

5 SOZIALE VERBUNDENHEIT

AUSTAUSCH, GEMEINSCHAFT, BEZIEHUNGSERLEBEN

Menschen sind soziale Wesen – neurologisch wie emotional. Nähe reguliert unser Nervensystem, Berührung beruhigt, Lachen verbindet. In diesen Beschäftigungen geht es nicht nur ums Zusammensein – sondern um **Zugehörigkeit**. Studien belegen: Soziale Einbettung – also echte Verbindung zu anderen – ist einer der stärksten **Schutzfaktoren** gegen Angst, Depression und Einsamkeit. Du musst nicht alles allein tragen.

BUCHCLUB GRÜNDEN ODER BESUCHEN

Kategorie: Soziale Verbundenheit

Gemeinsam lesen – und dann darüber reden. Ein Literaturkreis eröffnet neue Blickwinkel auf Geschichten, bringt ganz unterschiedliche Gedanken zusammen und vertieft oft das eigene Leseerlebnis. Du musst kein Profi sein – nur neugierig auf Worte und Menschen.

Du brauchst:
Ein Buch, evtl. Termin, Gruppe (oder online), ruhigen Ort

Ort: 🏠 drinnen oder ▯ online
Kosten: 💸 kostenlos bis €
Dauer: ⏱ mittel bis lang
Mit wem möglich? 👥 Gruppe
Mit Tieren: 🐾 möglich
Wetter: ☁ jedes Wetter

„DIE BESTEN BÜCHER SIND DIE, DIE MEHR FRAGEN STELLEN ALS SIE BEANTWORTEN."
– Michael Dirda

💡 Laut Studien fördern Buchgespräche in Gruppen die Empathie, verbessern die Kommunikationsfähigkeit und schaffen ein Gefühl von Zugehörigkeit – auch über Generationen hinweg.
(QUELLE: LONG, 2003, BOOK CLUBS: WOMEN AND THE USES OF READING IN EVERYDAY LIFE)

Kategorie: Soziale Verbundenheit

Bunte Farben, vielfältige Aromen und das gemeinsame Erleben. Ein Buffet aufbauen bedeutet, eine kulinarische Reise zu kreieren, bei der sich jeder nach Belieben bedienen kann. Kleine Häppchen, viele Optionen – für alle etwas dabei.

Du brauchst:
Verschiedene Zutaten (Käse, Aufschnitt, Gemüse, Dips), große Platten oder Schalen, kreative Dekoration (Blumen, Kräuter)

Ort: 🏠 drinnen oder 🌿 draußen
Kosten: 💸 je nach Auswahl
Dauer: ⏱ mittel
Mit wem möglich? 👥 mit Freunden oder Familie
Mit Tieren: 🐾 besser nicht (zu viele Leckereien!)
Wetter: ☁ wetterunabhängig

„DIE VIELFALT IST DIE WÜRZE DES LEBENS – AUCH AUF DEM TELLER."
– Sprichwort

💡 Buffets fördern das soziale Miteinander und bieten den Gästen die Möglichkeit, die Mahlzeit nach ihren eigenen Vorlieben zu genießen. Studien zeigen, dass das gemeinsame Essen das Zusammengehörigkeitsgefühl stärkt.
(QUELLE: LOTT ET AL., 2012, SOCIAL INFLUENCE IN EATING BEHAVIOR)

Kategorie: Soziale Verbundenheit

Romantik, Ruhe und ein köstliches Menü. Ein Candle-Light-Dinner ist die perfekte Gelegenheit, sich Zeit füreinander zu nehmen. Mit sanftem Kerzenlicht, leiser Musik und einem leckeren Essen wird der Abend zu etwas ganz Besonderem.

Du brauchst:
Kerzen, romantische Beleuchtung, eine leckere Mahlzeit (z. B. ein selbstgekochtes Menü oder ein schönes Takeaway), Tischdeko (Blumen, Servietten, edles Geschirr)

Ort: 🏠 drinnen
Kosten: 💸 je nach Menü und Deko
Dauer: ⏱ mittel
Mit wem möglich? 💜 zu zweit
Mit Tieren: 🐾 lieber nicht (zum romantischen Setting)
Wetter: 🌦 wetterunabhängig

„ROMANTIK BEGINNT MIT EINER FLAMME UND EINEM BLICK."
– Audrey Hepburn

💡 Romantische Dinner zu zweit haben nachweislich positive Auswirkungen auf Beziehungen, sie fördern das emotionale Wohlbefinden und stärken die Bindung zwischen Partnern. (QUELLE: LAMMERS ET AL., 2011, JOURNAL OF SOCIAL AND PERSONAL RELATIONSHIPS)

Kategorie: Soziale Verbundenheit

Shaken, rühren und genießen! Beim Cocktailabend kreierst du mit Freunden oder allein die leckersten Drinks. Ob klassisch oder kreativ – der Abend steht ganz im Zeichen des Genusses. Die passenden Snacks runden das Erlebnis ab.

Du brauchst:
Cocktailzutaten (Spirituosen, Säfte, Sirup, Kräuter), Shaker, Gläser, Eiswürfel, Snacks

Ort: 🏠 drinnen
Kosten: 💸 je nach Getränken und Zutaten
Dauer: 🕐 kurz bis mittel
Mit wem möglich? 👥 mit Freunden / 💜 zu zweit
Mit Tieren: 🐾 nein (sicher ist sicher!)
Wetter: ☁️ wetterunabhängig

„DAS LEBEN IST WIE EIN COCKTAIL – MIT DER RICHTIGEN MISCHUNG WIRD ES EIN FEST."
– Sprichwort

💡 Cocktailabende fördern das soziale Miteinander und bieten eine kreative Möglichkeit, neue Getränke zu entdecken. Sie sind ein perfekter Anlass, um sich zu entspannen und gemeinsame Momente zu genießen. (QUELLE: SUDHINARASET ET AL., 2016)

COMEDYABEND ERLEBEN

Kategorie: Soziale Verbundenheit

Ein Abend voller Lachen – live, spontan und direkt. Ob in einem kleinen Club oder auf großer Bühne: Ein Comedyabend bringt Leichtigkeit, verbindet Fremde im Lachen und sorgt oft noch Tage später für ein Grinsen. Humor ist manchmal die beste Inspiration.

Du brauchst:
Ein Ticket oder reservierten Platz, Lust auf Spontaneität, ggf. Getränk oder Snack

Ort: 🏛 drinnen
Kosten: 🌿 €
Dauer: ⏱ kurz bis mittel
Mit wem möglich? 👥 Gruppe / ♥ zu zweit / 👤 alleine
Mit Tieren: 🐾 nicht geeignet
Wetter: ☁ jedes Wetter (Indoor)

„LACHEN IST EIN KURZURLAUB FÜR DIE SEELE."
– Milton Berle

💡 Lachen senkt nachweislich Stresshormone, stärkt soziale Bindungen und verbessert die emotionale Verarbeitung – besonders in Live-Situationen.
(QUELLE: DUNBAR, 2012, JOURNAL
OF NEUROSCIENCE & BIOBEHAVIORAL REVIEWS)

DEBATTIERABEND VERANSTALTEN

Kategorie: Soziale Verbundenheit

Argumentieren, zuhören, Positionen durchdenken – ein Debattierabend macht Sprache lebendig. Ob ernst, kreativ oder spielerisch: Hier lernst du, andere Perspektiven einzunehmen, dich klar auszudrücken und gleichzeitig offen zu bleiben.

Du brauchst:
Themenkarten oder Zettel mit Fragestellungen, ggf. Timer, Stühle im Halbkreis, offene Atmosphäre

Ort: 🏠 drinnen / ⬛ auch online möglich
Kosten: 💸 kostenlos
Dauer: ⏱ mittel bis lang
Mit wem möglich? 👫 Gruppe
Mit Tieren: 🐾 eher stille Zuschauer
Wetter: ☁ unabhängig

> „DEBATTIEREN HEISST NICHT SIEGEN, SONDERN VERSTEHEN."
> – *Redekultur*

💡 Strukturierte Debatten fördern laut Studien kritisches Denken, Toleranz und rhetorische Fähigkeiten – auch bei Jugendlichen und im Alltag.
(QUELLE: WALKER ET AL., 2020, TALENT)

ESCAPE ROOM

Kategorie: Soziale Verbundenheit

Du hast 60 Minuten. Der Raum ist voll mit Hinweisen, Schlössern, Codes – und du bist mittendrin. Escape Rooms sind Adrenalin fürs Gehirn: Teamwork, Logik, Kreativität. Ob als Agent, Forscherin oder Zeitreisender – du hast nur eine Aufgabe: Entkommen.

Du brauchst:
Escape-Room-Location oder mobiles Spielset, Mitspieler, Neugier

Ort: 🏠 drinnen (Indoor-Anbieter)
Kosten: 💸 €€
Dauer: ⏱ mittel (meist 60–90 Minuten)
Mit wem möglich? 🖤 zu zweit / 👫 Gruppe
Mit Tieren: 🐾 nicht erlaubt
Wetter: ☁ jedes Wetter

„NICHT ALLE RÄTSEL WOLLEN GELÖST WERDEN – MANCHE WOLLEN ERLEBT WERDEN."
– Unbekannt

💡 Laut Spielpsychologie fördern Escape Rooms logisches Denken, Kommunikation und Teamfähigkeit. Die immersive Umgebung aktiviert das Belohnungssystem im Gehirn.
(QUELLE: CHAFFIN ET AL., 2020, GAMES AND CULTURE)

FAMILIENREZEPT NACHKOCHEN

Kategorie: Soziale Verbundenheit

Jedes Familienrezept trägt eine Geschichte in sich. Ob Oma's Suppe oder das Lieblingsgericht von deinen Eltern – beim Nachkochen holst du dir nicht nur den Geschmack zurück, sondern auch Erinnerungen an gemeinsame Momente. Es ist eine Einladung, die Tradition zu bewahren und neu zu erleben.

Du brauchst:
Das Rezept (schriftlich oder aus dem Kopf), frische Zutaten, viel Liebe und Zeit

Ort: 🏠 drinnen (Küche)
Kosten: 💸 je nach Rezept
Dauer: ⏱ mittel bis lang
Mit wem möglich? 👬 mit Freunden oder Familie
Mit Tieren: 🐾 ja (aber vielleicht nicht in der Nähe des Herds!)
Wetter: ☁ wetterunabhängig

> „DURCH DIE KÜCHE ERINNERN WIR UNS AN DIE MENSCHEN,
> DIE UNS GEPRÄGT HABEN."
> *– Maya Angelou*

💡 Das Kochen von Familienrezepten stärkt das Gefühl der Zugehörigkeit und kann nostalgische Gefühle wachrufen. Es schafft eine besondere Verbindung zwischen Generationen.
(QUELLE: ROBERTS & MARKS, 2016, CULINARY TRADITIONS AND FAMILY HERITAGE)

FOODSHARING AUSPROBIEREN

Kategorie: Soziale Verbundenheit

Lebensmittel retten – und dabei Menschen begegnen. Beim Foodsharing gibst du überschüssigem Essen ein zweites Leben: Ob du es selbst weiterverwendest oder über Plattformen teilst – du wirst Teil einer Bewegung für mehr Achtsamkeit, Nachhaltigkeit und Gemeinschaft.

Du brauchst:
Zugang zu einer Foodsharing-Plattform (z. B. foodsharing.de, Olio), ggf. Aufbewahrungsbehälter, Kühltasche, Fahrrad oder Tasche

Ort: 🌿 draußen / 🏠 drinnen
Kosten: 🍃 kostenlos
Dauer: ⏱ kurz bis mittel
Mit wem möglich? 🧍 alleine / 👥 Gruppe
Mit Tieren: 🐾 manchmal möglich
Wetter: ☁ wetterabhängig

„WAS FÜR DICH ZU VIEL IST, KANN FÜR ANDERE EIN GESCHENK SEIN."
– Aus der Foodsharing-Community

💡 Laut Studien könnten bis zu 40 % der weltweit produzierten Lebensmittel durch bewussteren Konsum eingespart werden. Foodsharing fördert ökologische Verantwortung und soziale Vernetzung.
(QUELLE: GUSTAVSSON ET AL., 2011, FAO FOOD LOSS REPORT)

FOODTRUCK-KÜCHE AUSPROBIEREN

Kategorie: Soziale Verbundenheit

Der Charme von Foodtrucks liegt nicht nur in den leckeren, schnellen Gerichten, sondern auch in der Atmosphäre. Hol dir den Foodtruck-Genuss direkt nach Hause oder finde einen der besten Trucks in deiner Nähe. Streetfood neu entdecken – mit frischen, kreativen Aromen.

Du brauchst:
Foodtruck oder Streetfood-Stände in deiner Nähe, Zutaten, um selbst einen Mini-Foodtruck zuhause nachzubauen (z. B. für DIY-Burger oder Tacos)

Ort: 🏠 zuhause oder 🏙 draußen
Kosten: 💸 je nach Auswahl
Dauer: ⏱ kurz bis mittel
Mit wem möglich? 👥 mit Freunden oder Familie
Mit Tieren: 🐾 besser nicht, wenn man draußen ist
Wetter: ☁ wetterunabhängig

> „STREETFOOD IST MEHR ALS EIN GERICHT – ES IST EIN MOMENT AUF DER ZUNGE."
> *– Unbekannt*

💡 Kulinarische Erlebnisse im öffentlichen Raum – wie das Probieren bei einem Foodtruck – aktivieren Genuss, Neugier und soziale Begegnung. Gemeinschaftsgefühl und Lebensfreude stehen hier im Mittelpunkt. (QUELLE: KIM ET AL., 2023, RESEARCHGATE)

Kategorie: Soziale Verbundenheit

Ein Film unter freiem Himmel ist mehr als Kino – es ist Atmosphäre pur. Du spürst die Abendluft, hörst das Knistern der Snacks und tauchst mit anderen in Geschichten ein. Ob im Park, auf dem Dach oder im Innenhof: Das Freiluftkino macht Filmabende magisch.

Du brauchst:
Picknickdecke oder Klappstuhl, Jacke oder Decke, Snacks, ggf. Mückenschutz, Ticket

Ort: ◼ draußen
Kosten: 💸 €
Dauer: ⏱ mittel bis lang
Mit wem möglich? 🖤 zu zweit / 👥 Gruppe / 👤 alleine
Mit Tieren: 🐾 manchmal möglich (je nach Location)
Wetter: ☁ nur bei gutem Wetter

„KINO IST MAGIE IN DER DUNKELHEIT."
– David Lynch

💡 Freiluftveranstaltungen wie Open-Air-Kinos fördern laut Studien das Gemeinschaftsgefühl, die emotionale Bindung ans Gesehene und erzeugen nachhaltigere Erinnerungen als klassische Kinobesuche. (QUELLE: MANNELL & ISO-AHOLA, 1987, ANNALS OF TOURISM RESEARCH)

GRILLEN IM PARK

Kategorie: Soziale Verbundenheit

Knisterndes Feuer, duftendes Gemüse, gute Gespräche: Ein Grilltag im Park verbindet Kulinarik mit Natur. Ob vegan, klassisch oder kreativ – draußen schmeckt alles ein bisschen besser. Bonus: Das gemeinsame Warten bringt Menschen näher.

Du brauchst:
Tragbaren Grill oder Einweggrill (umweltfreundlich!), Kohle/Gas, Grillgut, Besteck, Picknickdecke, Mülltüten

Ort: 🌳 draußen
Kosten: 💸 €–€€
Dauer: ⏱ mittel bis lang
Mit wem möglich? 👥 Gruppe / 🖤 zu zweit
Mit Tieren: 🐾 willkommen, je nach Ort
Wetter: ☀ ideal bei schönem Wetter

„GRILLZEIT IST GEMEINSCHAFTSZEIT."
– Sommerweisheit

💡 Studien zeigen: Gemeinsames Kochen und Essen im Freien kann das subjektive Wohlbefinden steigern, Stress reduzieren und das soziale Miteinander stärken.
(QUELLE: FARMER ET AL., 2021, FRONTIERS IN PSYCHOLOGY))

Kategorie: Soziale Verbundenheit

Du weißt nicht, was passiert – und genau das ist das Konzept. Beim Improtheater lernst du, im Moment zu handeln, zu reagieren und gemeinsam mit anderen kleine Szenen aus dem Nichts zu erschaffen. Es fördert Mut, Kreativität und bringt oft überraschend viel Spaß.

Du brauchst:
Bequeme Kleidung, Offenheit, Lust auf Spontaneität – Vorkenntnisse sind nicht nötig

Ort: 🏛 drinnen
Kosten: 🏵 €
Dauer: ⏱ mittel bis lang (ein Abend oder mehrwöchiger Kurs)
Mit wem möglich? 👤 alleine / 👫 Gruppe
Mit Tieren: 🐾 nicht geeignet
Wetter: ☁ jedes Wetter

„ES GIBT KEINE FEHLER – NUR MÖGLICHKEITEN."
– Tina Fey

💡 Improtheater steigert laut Forschung die soziale Flexibilität, das Selbstvertrauen und fördert kreative Denkprozesse – selbst bei Menschen mit wenig Bühnenerfahrung.
(QUELLE: GOLDSTEIN ET AL., 2017, PSYCHOLOGY OF AESTHETICS, CREATIVITY, AND THE ARTS)

KARAOKE ODER OFFENES MIKRO ERLEBEN

Kategorie: Soziale Verbundenheit

Die Stimme zittrig, die Knie weich – und dann doch auf der Bühne. Karaoke oder ein offenes Mikrofon sind nicht nur Unterhaltung, sondern Mutproben mit Wirkung. Wer sich zeigt, wird gehört – und wer anderen lauscht, fühlt sich verbunden. Zwischen Lampenfieber und Applaus entsteht Gemeinschaft.

Du brauchst:
Einen Ort mit Karaoke oder Open Mic, evtl. Songidee, Mut und Offenheit

Ort: 🏘 Kneipe, Bühne, Bar oder Kulturzentrum
Kosten: 💸 meist kostenlos oder Eintritt €
Dauer: ⏱ 1–2 Stunden
Mit wem möglich? 🧍 alleine oder 👥 gemeinsam
Mit Tieren: 🐾 nicht geeignet
Wetter: ☁ wetterunabhängig (drinnen)

„MUT HEISST NICHT, KEINE ANGST ZU HABEN – SONDERN TROTZDEM ZU SINGEN."
– frei nach Nelson Mandela

💡 Sich öffentlich auszudrücken – auch in kleinen Formaten wie Karaoke – kann nachweislich das Selbstvertrauen stärken, soziale Hemmungen abbauen und das Gefühl von Zugehörigkeit fördern. (QUELLE: LEMIEUX & POWER, 2007, JOURNAL OF CREATIVITY IN MENTAL HEALTH)

Kategorie: Soziale Verbundenheit

Einmal im Jahr verwandelt sich alles: Straßen werden zur Bühne, Menschen zur Figur, Alltag zur Ausnahme. Beim Karneval feiern Fremde zusammen, lachen lauter, tanzen wilder. Ob mittendrin oder beobachtend – Karneval ist ein Erlebnis für alle Sinne.

Du brauchst:
Verkleidung oder bequeme Kleidung, gute Laune, ggf. Ohrstöpsel & Snacks

Ort: 🎉 draußen
Kosten: 🎉 kostenlos bis €
Dauer: ⏱ mittel bis lang
Mit wem möglich? 👬 Gruppe / 🖤 zu zweit / 👤 alleine
Mit Tieren: 🐾 nur, wenn stressresistent – sonst lieber ohne
Wetter: ☁ wetterabhängig

„KARNEVAL IST EINE VORÜBERGEHENDE BEFREIUNG VON DER BESTEHENDEN ORDNUNG."
– Mikhail Bachtin

💡 Gemeinschaftliche Großveranstaltungen wie Karneval fördern laut Sozialforschung das Zugehörigkeitsgefühl, setzen Endorphine frei und können auch introvertierte Menschen zum Ausdruck ermutigen. (QUELLE: HIETANEN & RUUSUVUORI, 2021, SOCIAL INTERACTION AND COLLECTIVE JOY)

KOCHABEND

Kategorie: Soziale Verbundenheit

Gemeinsam schnippeln, rühren, lachen – ein Kochabend verbindet. Ob Mottoabend, Rezeptetausch oder einfach freestyle: Hier geht's nicht um Sterne-Küche, sondern um Genuss, Austausch und gute Gespräche. Am Ende zählt das Zusammensein – und was auf dem Teller landet.

Du brauchst:
Rezept(e), frische Zutaten, Musik, Getränke, gute Stimmung, evtl. ein Motto (z. B. Italien, Vegan, 90er)

Ort: 🏠 drinnen
Kosten: 💸 €–€€
Dauer: ⏲ lang
Mit wem möglich? 👫 Gruppe / 🖤 zu zweit
Mit Tieren: 🐾 nur am Rand
Wetter: ☁ unabhängig

„GUTE KÜCHE IST, WENN ALLE MITKOCHEN WOLLEN."
– Küchentisch-Philosophie

💡 Laut einer Studie der Universität Oxford kann gemeinsames Kochen das Vertrauen unter Teilnehmenden stärken – sogar bei Menschen, die sich vorher nicht kannten.
(QUELLE: DUNBAR, 2017)

KONZERT ODER FESTIVAL ERLEBEN

Kategorie: Soziale Verbundenheit

Musik live zu erleben ist wie ein kollektiver Herzschlag. Die Stimmung, das Vibrieren, die Songs, die alle mitsingen – ob Open-Air-Festival oder kleines Clubkonzert: Diese Momente brennen sich ein, weil sie uns daran erinnern, was es heißt, lebendig zu sein.

Du brauchst:
Ticket, bequeme Kleidung, evtl. Ohrenstöpsel, Wasser, ggf. Regenschutz

Ort: 🏖 draußen oder 🏛 drinnen
Kosten: 💸 €–€€
Dauer: ⏱ kurz bis lang
Mit wem möglich? 🖤 zu zweit / 👬 Gruppe / 👤 alleine
Mit Tieren: 🐾 nicht geeignet
Wetter: 🌥 wetterabhängig (bei Open-Air)

„LIVEMUSIK IST DER BEWEIS, DASS DAS LEBEN JETZT STATTFINDET."
– Festival-Slogan

💡 Live-Musik wirkt sich messbar auf Puls, Hormone und Stimmung aus – sie fördert Verbundenheit, steigert das Glücksempfinden und stärkt laut Studien sogar das Immunsystem.
(QUELLE: FANCOURT & STEPTOE, 2019, PSYCHOLOGY OF MUSIC)

Kategorie: Soziale Verbundenheit

Wenn Autoren ihre eigenen Worte laut sprechen, entsteht ein besonderer Moment. Du hörst nicht nur den Text – sondern auch die Stimme dahinter. Eine Lesung oder ein Gespräch mit Schreibenden macht Bücher greifbarer, ehrlicher und oft noch bewegender.

Du brauchst:
Ticket oder Anmeldung, evtl. ein Lieblingsbuch zum Signieren, Lust auf Sprache

Ort: 🏛 drinnen
Kosten: 💸 kostenlos bis €
Dauer: ⏱ kurz bis mittel
Mit wem möglich? 👤 alleine / 🖤 zu zweit / 👭 Gruppe
Mit Tieren: 🐾 nicht erlaubt
Wetter: ☁ jedes Wetter

„WENN MENSCHEN IHRE GESCHICHTEN ERZÄHLEN,
BERÜHRT DAS MEHR ALS JEDE FIKTION."
– *Unbekannt*

💡 Literarische Veranstaltungen regen zum Mitdenken, Nachfragen und Austauschen an. Solche inspirierenden Begegnungen erweitern Perspektiven und stärken das kulturelle Zugehörigkeitsgefühl.
(QUELLE: WALDINGER, 2015, TED TALK)

Kategorie: Soziale Verbundenheit

Wenn ganze Gebäude leuchten, Bäume bunt schimmern und Projektionen Geschichten erzählen, wird die Stadt zur Bühne. Ob Lichterfest, Lichtkunst-Ausstellung oder Mapping-Show: Diese Events wecken Staunen, laden zum Träumen ein – und machen dunkle Nächte hell.

Du brauchst:
Wetterfeste Kleidung, evtl. Kamera, warme Getränke

Ort: ▥ draußen
Kosten: 💰 kostenlos bis €
Dauer: ⏱ kurz bis mittel
Mit wem möglich? 🖤 zu zweit / 👥 Gruppe / 👤 alleine
Mit Tieren: 🐾 meist möglich (bei Outdoor-Events)
Wetter: ☁ bei trockenem Wetter empfohlen

„GERADE IN UNSEREN DUNKELSTEN MOMENTEN MÜSSEN
WIR UNS AUF DAS LICHT KONZENTRIEREN."
– *Aristoteles Onassis*

💡 Lichtkunst-Events wirken sich laut Studien positiv auf die emotionale Wahrnehmung urbaner Räume aus, fördern kreative Inspiration und verstärken das Erleben von Gemeinschaft.
(QUELLE: TANAKA, 2021, JOURNAL OF URBAN DESIGN & LIGHTING)

Kategorie: Soziale Verbundenheit

Museen sind Orte, an denen die Zeit stehen bleibt – oder lebendig wird. Ob Kunst, Geschichte, Technik oder Natur: Ein Museumsbesuch kann dich staunen lassen, berühren oder deinen Horizont erweitern. Und manchmal reicht schon ein einziges Objekt dafür.

Du brauchst:
Eintritt (oft kostenlos an bestimmten Tagen), evtl. Audioguide oder Infobroschüre

Ort: 🏛 drinnen
Kosten: 💸 kostenlos bis €
Dauer: ⏱ kurz bis mittel
Mit wem möglich? 👤 alleine / 🖤 zu zweit / 👥 Gruppe
Mit Tieren: 🐾 nicht erlaubt
Wetter: ☁ jedes Wetter

„MUSEEN SIND ORTE, AN DENEN ZEIT IN RAUM VERWANDELT WIRD."
– Orhan Pamuk

💡 Museumsbesuche fördern laut Studien die emotionale Verbundenheit zu Kulturgut, steigern Bildungsinteresse und haben eine messbar positive Wirkung auf das Wohlbefinden – besonders bei freier Erkundung.
(QUELLE: CHATTERJEE & NOBLE, 2013, ARTS & HEALTH JOURNAL)

MUSICAL-ABEND ERLEBEN

Kategorie: Soziale Verbundenheit

Ein Musical ist Emotion im Doppelpack – Musik und Schauspiel verschmelzen zu Geschichten, die tief gehen. Vom Broadway-Feeling bis zur lokalen Inszenierung: Musicals lassen uns lachen, weinen, mitsummen – und oft mit Gänsehaut zurück.

Du brauchst:
Ticket, ggf. schicke Kleidung, Offenheit für Musiktheater

Ort: ⛪ drinnen
Kosten: 💸 €–€€
Dauer: ⏱ mittel bis lang
Mit wem möglich? ♥ zu zweit / 👤 alleine / 👥 Gruppe
Mit Tieren: 🐾 nicht erlaubt
Wetter: ☁ jedes Wetter

„WO WORTE VERSAGEN SPRICHT DIE MUSIK."
– Hans Christian Andersen

💡 Musicalbesuche aktivieren laut Studien emotionale, akustische und soziale Zentren im Gehirn gleichzeitig – das fördert emotionale Verarbeitung, Gruppenbindung und sogar die Sprachverarbeitung. (QUELLE: KOELSCH, 2014, BRAIN AND MUSIC)

PICKNICK IM PARK

Kategorie: Soziale Verbundenheit

Decke ausbreiten, Schuhe aus, Sonne ins Gesicht – ein Picknick ist wie Urlaub in der eigenen Stadt. Ob romantisch zu zweit, mit Freunden oder ganz für dich allein: Draußen essen macht alles besser. Und der Himmel ist immer die schönste Decke.

Du brauchst:
Picknickdecke, Snacks oder selbstgemachtes Essen, Getränke, evtl. Geschirr, Mülltüte, Sonnenbrille

Ort: 🌳 draußen
Kosten: 💸 günstig
Dauer: ⏲ mittel bis lang
Mit wem möglich? 👤 alleine / 🖤 zu zweit / 👬 Gruppe
Mit Tieren: 🐾 sehr willkommen
Wetter: 🌞 sonnig oder mild

> „EIN PICKNICK IST DAS EINFACHE GLÜCK IM FREIEN."
> – *Sommerpoesie*

💡 Ein Picknick im Park vereint Natur, Genuss und soziale Nähe – ein Dreiklang, der nachweislich Glückshormone freisetzt. Gemeinsame Outdoor-Erlebnisse stärken unser Zugehörigkeitsgefühl und senken das Gefühl von Einsamkeit.
(QUELLE: ERNÄHRPROFI, 2023, WISSENSBLOG)

Kategorie: Soziale Verbundenheit

Ein Abend voller Fragen, Lachen und (Halb)wissen – ein selbst organisierter Quizabend bringt Menschen zusammen, ohne dass es tiefgründig werden muss. Ob allein vorbereitet oder als Teamchallenge: Ihr ratet, ihr feiert, ihr gewinnt euch näher.

Du brauchst:
Fragen (z. B. aus verschiedenen Kategorien), Antwortzettel oder digitales Tool, ggf. Preise

Ort: 🏠 zuhause oder 💻 online
Kosten: 💸 kostenlos bis gering
Dauer: ⏱ 1–2 Stunden
Mit wem möglich? 👫 gemeinsam
Mit Tieren: 🐾 eher Zaungäste
Wetter: ☁ wetterunabhängig

„WISSEN, DAS GESPIELT WIRD, BLEIBT HÄNGEN."
– Lernspielweisheit

💡 Der sogenannte „Testing-Effekt" zeigt: Abfragen und Raten fördern den Wissenserhalt effektiver als reines Lesen – besonders im Gruppensetting entsteht dabei auch sozialer Zusammenhalt.
(QUELLE: ROEDIGER & BUTLER, 2011, TRENDS IN COGNITIVE SCIENCES)

Kategorie: Soziale Verbundenheit

Würfeln, bluffen, lachen, verlieren, gewinnen – ein Spieleabend bringt
Menschen zusammen, ohne dass es viel braucht. Ob Klassiker,
Kartenspiele oder kooperative Runden: Das gemeinsame Spielen fördert
Leichtigkeit, Austausch und oft unerwartet viel Nähe.

Du brauchst:
Ein oder mehrere Gesellschaftsspiele, Snacks, ggf. Musik, Mitspieler

Ort: 🏠 zuhause oder im Gemeinschaftsraum
Kosten: 🌿 kostenlos (bei vorhandenen Spielen)
Dauer: ⏱ 1–3 Stunden
Mit wem möglich? 👥 gemeinsam
Mit Tieren: 🐾 Zuschauer mit begrenzter Regelkenntnis
Wetter: ☁ wetterunabhängig

**„SPIELEN IST KEINE PAUSE VOM LEBEN – ES IST EIN TEIL
DAVON."**
– Stuart Brown

💡 Gesellschaftsspiele fördern laut Spielpsychologie nicht nur kognitive
Fähigkeiten, sondern auch soziale Bindung, Kooperation und
emotionale Regulation – besonders in Kleingruppen.
(QUELLE: BROWN & VAUGHAN, 2009, PLAY)

TED-TALK-ABEND ORGANISIEREN

Kategorie: Soziale Verbundenheit

Inspirierend, kurzweilig, klug – TED-Talks bringen große Ideen in wenigen Minuten auf den Punkt. Ein Abend mit ausgewählten Vorträgen ist wie ein Festival für deinen Geist. Noch besser: gemeinsam schauen und darüber sprechen.

Du brauchst:
Auswahl an TED-Talks (z. B. auf YouTube oder TED.com), Beamer oder Bildschirm, evtl. Popcorn & Gesprächsthemen

Ort: 🏠 drinnen
Kosten: 💸 kostenlos
Dauer: ⏱ mittel
Mit wem möglich? 👬 Gruppe / 🖤 zu zweit
Mit Tieren: 🐾 ruhige Zuschauer
Wetter: ☁ ideal für drinnen

„EINE GUTE IDEE IN 18 MINUTEN KANN DEIN DENKEN VERÄNDERN."
– TED-Kultur

💡 Inspirierende Vorträge – etwa bei einem TED Talk Abend – stimulieren Neugier, Bildungslust und Selbstreflexion. Das gemeinsame Anschauen kann zudem zur sozialen Verbundenheit beitragen.
(QUELLE: TED REDAKTION, 2018, TED PLAYLIST)

Kategorie: Soziale Verbundenheit

Ein Abend, ein Motto, ein Erlebnis: Beim Themen-Dinner wird das Essen zur Bühne. Ob italienische Nacht, 80er-Jahre-Fondue oder ein Menü ganz in einer Farbe – hier darfst du kreativ, verspielt und genussvoll sein. Ein Fest für alle Sinne.

Du brauchst:
Idee oder Motto, abgestimmtes Menü, passende Musik, Deko (optional), Gäste mit Offenheit & Hunger

Ort: 🏠 drinnen
Kosten: 💸 €–€€€ (je nach Aufwand)
Dauer: ⏱ lang
Mit wem möglich? 👥 Gruppe / 🖤 zu zweit
Mit Tieren: 🐾 eher am Rande
Wetter: ☁ wetterunabhängig

„MANCHE ABENDE SCHMECKEN NOCH WOCHEN SPÄTER NACH.“
– *Gastgeberweisheit*

💡 Gemeinsames themenbezogenes Essen kann soziale Nähe, Kreativität und Kommunikation fördern – laut Studien sogar mehr als klassische Dinner.
(QUELLE: NEUMAN, 2021)

Kategorie: Soziale Verbundenheit

Ein edler Tropfen, ein kräftiger Käse – und dazwischen ein Moment
zum Innehalten. Beim Wein- und Käsetasting lernst du, Aromen zu
entschlüsseln, Kombinationen zu entdecken und dich mit allen Sinnen
auf Geschmack einzulassen. Eine kleine Reise durch Regionen und
Reifegrade.

Du brauchst:
3–5 Käsesorten (weich, hart, jung, reif), passende Weine (weiß, rot, rosé),
Wasser, Brot, Notizzettel, evtl. Aroma-Rad

Ort: 🏠 drinnen
Kosten: 💸 €€
Dauer: ⏱ mittel bis lang
Mit wem möglich? 👫 Gruppe / 🖤 zu zweit
Mit Tieren: 🐾 nur zum Zuschauen
Wetter: ☁ ideal für gemütliche Abende

„WENN WEIN UND KÄSE SICH TREFFEN, ENTSTEHT EIN GESPRÄCH OHNE WORTE."
– Tasting-Kultur

💡 Der Genuss von Wein und Käse in einem geselligen Rahmen kann
positive Emotionen wie Ruhe und Freude fördern. Das bewusste,
gemeinsame Erleben aktiviert Genuss- und Bindungssysteme im
Gehirn.
(QUELLE: ROMÁN ET AL., 2019, SCIENCEDIRECT)

Kategorie: Soziale Verbundenheit

Lernen in der Gruppe verbindet – vor allem, wenn es praktisch wird. Ein Workshop schafft Raum für gemeinsames Tun, neue Perspektiven und Austausch auf Augenhöhe. Ob kreativ, handwerklich oder inhaltlich – du gehst meist mit mehr nach Hause als nur Wissen: Verbindung, Inspiration, Stolz.

Du brauchst:
Workshop-Angebot (z. B. VHS, Kreativhaus, Online-Plattform), Anmeldung, Offenheit

Ort: 🖼 drinnen oder 💻 online
Kosten: 🎨 gering bis mittel (€–€€)
Dauer: ⏱ 1 Stunde bis 1 Tag
Mit wem möglich? 🧍 alleine, 👥 gemeinsam
Mit Tieren: 🐾 meist nicht geeignet
Wetter: ☁ wetterunabhängig

„GEMEINSAMES LERNEN VERBINDET MEHR ALS GEMEINSAMES WISSEN."
– frei nach John Dewey

💡 Workshops fördern laut Bildungspsychologie nicht nur Wissenserwerb, sondern stärken soziale Kompetenz, Selbstwirksamkeit und kooperative Lernfähigkeit – besonders in interaktiven Formaten. (QUELLE: ILLERIS, K., 2009)

BEZIEHUNGEN PRÄGEN UNSER LEBEN – AUCH DIE KLEINEN GESTEN, GESPRÄCHE UND BEGEGNUNGEN. DIESES KAPITEL LÄDT DICH EIN, DICH SELBST IM KONTAKT MIT ANDEREN BEWUSSTER WAHRZUNEHMEN.

1. Welche Aktivität hat dir das Gefühl gegeben, wirklich verbunden zu sein – mit anderen oder auch mit dir selbst?
2. Gab es eine soziale Begegnung, die dich berührt oder überrascht hat?
3. Wie fühlst du dich nach bewusstem, ehrlichem Austausch mit anderen Menschen?
4. Welche Art von Verbindung tut dir besonders gut?
5. Gibt es Beziehungen, die du in Zukunft mehr pflegen möchtest?
6. Welche Form von Kontakt oder Nähe möchtest du regelmäßig suchen oder stärken?

SCHÖPFERISCHES DENKEN UND GESTALTEN, FANTASIE ENTFALTEN

Kreativität ist keine Begabung – sondern eine Haltung. Sie zeigt sich, wenn du erlaubst, nicht zu wissen, was entsteht. Hier findest du spielerische, inspirierende Wege, neue Verbindungen zu schaffen. Kreatives Tun aktiviert laut Forschung das sogenannte "Default Mode Network" – ein Bereich im Gehirn, der mit **freiem Denken**, **Tagträumen** und **innerer Vorstellungskraft** zu tun hat. Und vielleicht auch mit Freude.

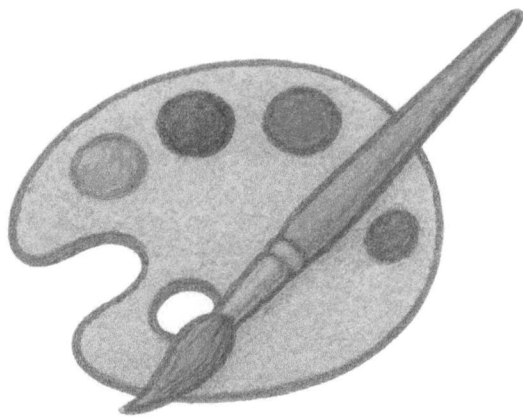

Kategorie: Kreativitätsförderung

Ob Fantasiewelt oder funktionales Design – mit Programmen wie Blender, Tinkercad oder SketchUp kannst du eigene Objekte erschaffen, die später sogar 3D-gedruckt werden könnten. Du lernst, wie man Formen digital denkt und in die Realität bringt – spielerisch und smart.

Du brauchst:
Laptop oder Tablet, kostenlose 3D-Modelling-Software (z. B. Tinkercad oder Blender), Maus oder Touchpad, Internet

Ort: 🏠 drinnen / 🌐 online
Kosten: ✂ kostenlos
Dauer: ⏱ mittel bis lang
Mit wem möglich? 👤 alleine / 👥 Gruppe/ 💙 zu zweit
Mit Tieren: 🐾 eher nicht geeignet
Wetter: ☁ jedes Wetter

„DESIGN IS THINKING MADE VISUAL.“
– *Saul Bass*

💡 Das kreative Arbeiten mit digitalen 3D-Werkzeugen fördert Konzentration, Selbstwirksamkeit und das räumliche Vorstellungsvermögen. Die Beschäftigung mit Form, Raum und Funktion kann dabei meditativ und anregend zugleich wirken.
(QUELLE: KURT & TAŞ, 2019, RESEARCHGATE)

Kategorie: Kreativitätsförderung

Sammle draußen Blätter, Zweige, Kastanien, Steine oder Blüten – und verwandle sie in kleine Kunstwerke. Ob Collagen, Figuren, Bilderrahmen oder saisonale Dekoration – du verbindest dich mit der Natur und schaffst dabei etwas ganz Eigenes.

Du brauchst:
Gesammelte Naturmaterialien (z. B. im Park, Wald oder Garten), Kleber, Schere, Papier oder Karton, ggf. Schnur, Farben

Ort: 🌳 draußen (sammeln) & 🏠 drinnen (basteln)
Kosten: 💸 kostenlos
Dauer: ⏱ mittel
Mit wem möglich? 👤 alleine / 👥 Gruppe / 💜 zu zweit
Mit Tieren: 🐾 möglich (beim Sammeln)
Wetter: ☀ Sonne / ☁ trockenes Wetter

„DIE NATUR IST NICHT NUR KULISSE – SIE IST QUELLE."
– Hans Kruppa, Lyriker (aus „Worte für die Seele", 2003)

💡 Schon 30 Minuten in der Natur können nachweislich Stresshormone senken und das Wohlbefinden steigern – kreatives Arbeiten mit Naturmaterialien verstärkt diesen Effekt zusätzlich.
(QUELLE: BRATMAN ET AL., 2019, FRONTIERS IN PSYCHOLOGY)

Kategorie: Kreativitätsförderung

Digitale Kunst eröffnet dir eine neue kreative Welt – egal ob du zeichnest, collagierst, animierst oder mit KI arbeitest. Du brauchst kein Profi-Setup, nur ein Tablet oder Laptop und ein Programm wie Procreate, Krita oder Canva. Alles darf sein – und rückgängig geht immer.

Du brauchst:
Tablet oder Laptop, App oder Software für digitales Zeichnen (z. B. Procreate, Krita, Canva), evtl. Zeichenstift

Ort: 🏠 drinnen / 🌐 online
Kosten: 💰 kostenlos / € (je nach App)
Dauer: ⏱ kurz bis lang
Mit wem möglich? 👤 alleine / 👥 Gruppe
Mit Tieren: 🐾 nicht relevant
Wetter: ☁ jedes Wetter

„EVERY ARTIST WAS FIRST AN AMATEUR."
– Ralph Waldo Emerson

💡 Digitale Kunst fördert visuelle Kreativität, die Verbindung zwischen rechter und linker Gehirnhälfte und steigert das emotionale Ausdrucksvermögen – vor allem durch den spielerischen Umgang mit Fehlern.
(QUELLE: KOZBELT ET AL., 2010)

Kategorie: Kreativitätsförderung

Gestalte kleine Dekoideen ganz nach deinem Stil – aus Holz, Papier, Stoff, Glas oder Fundstücken. Ob Fensterdeko, Wandobjekte, Kerzengläser oder Vasen – das Ergebnis macht nicht nur dein Zuhause schöner, sondern auch dein Herz ein bisschen stolz.

Du brauchst:
Materialien nach Wahl (Papier, Naturmaterial, Farben, Stoff, Gläser etc.), Kleber, evtl. Schere, Farben, Pinsel

Ort: 🏠 drinnen
Kosten: 💸 kostenlos bis €
Dauer: ⏱ kurz bis mittel
Mit wem möglich? 👤 alleine / 👥 Gruppe / 🖤 zu zweit
Mit Tieren: 🐾 möglich
Wetter: ☁ jedes Wetter

„DEIN ZUHAUSE SOLLTE ERZÄHLEN, WER DU BIST – UND EINE SAMMLUNG DESSEN SEIN, WAS DU LIEBST."
– *Nate Berkus*

💡 Das bewusste Gestalten des eigenen Raumes fördert das Gefühl von Kontrolle, Selbstwirksamkeit und Geborgenheit – psychologisch wichtige Faktoren für emotionale Stabilität.
(QUELLE: GOSLING ET AL., 2002, JOURNAL OF PERSONALITY AND SOCIAL PSYCHOLOGY)

Kategorie: Kreativitätsförderung

Licht, Perspektive, Fokus – Food-Fotografie ist wie ein visuelles Liebesgeständnis an dein Essen. Du lernst, Gerichte ins rechte Licht zu rücken, mit Farben und Komposition zu spielen und Emotionen über Bilder zu transportieren. Perfekt für alle, die gerne mit den Augen genießen.

Du brauchst:
Kamera oder Smartphone, Tageslicht oder kleine Softbox, Teller & Deko, evtl. Fotountergrund (z. B. Holzbrett, Stoff), etwas Geduld

Ort: 🏠 drinnen
Kosten: 💸 kostenlos bis €
Dauer: ⏱ kurz bis mittel
Mit wem möglich? 👤 alleine / ♥ zu zweit
Mit Tieren: 🐾 eher nicht geeignet
Wetter: ☁ jedes Wetter

„EIN GUTES FOODFOTO RIECHT MAN FAST – MIT DEN AUGEN."
– Unbekannt

💡 Food-Fotografie fördert visuelle Achtsamkeit, Farbgefühl und kreatives Denken. Studien zeigen, dass das Fotografieren von Alltagsmomenten das Glücksempfinden steigern kann – besonders beim Essen.
(QUELLE: DIEHL ET AL., 2016, JOURNAL OF CONSUMER RESEARCH)

Kategorie: Kreativitätsförderung

Kalligrafie ist die Kunst des schönen Schreibens – ruhig, meditativ und ausdrucksstark. Mit Feder, Tinte oder speziellen Stiften übst du Schwünge, Linien und elegante Buchstaben. Es geht nicht nur ums Schreiben, sondern ums Spüren und Verlangsamen.

Du brauchst:
Kalligrafie-Feder oder Brushpen, Tinte oder Stifte, glattes Papier oder Übungsblätter

Ort: 🏠 drinnen
Kosten: 💸 €
Dauer: ⏱ mittel
Mit wem möglich? 👤 alleine / 👥 Gruppe
Mit Tieren: 🐾 möglich
Wetter: ☁ jedes Wetter

„DIE FEDER IST DIE ZUNGE DES GEISTES."
– *Miguel de Cervantes*

💡 Studien zeigen, dass Kalligrafie die Feinmotorik, Geduld und Konzentration verbessert und einen beruhigenden Effekt auf das Nervensystem hat.
(QUELLE: KAZEMI ET AL., 2017, THE ARTS IN PSYCHOTHERAPY)

Kategorie: Kreativitätsförderung

Mit Wachs, Formen und Düften kannst du deine eigenen Kerzen kreieren – genau so, wie du sie magst. Ob minimalistisch oder verspielt, in Gläsern oder alten Tassen – Kerzen gießen ist meditativ, duftend und das perfekte DIY für dunkle Tage.

Du brauchst:
Kerzenwachs oder alte Kerzenreste, Dochte, hitzebeständiges Gefäß, Topf fürs Schmelzen (Wasserbad), evtl. Duftöl, Farbpigmente

Ort: 🏠 drinnen
Kosten: 💸 €
Dauer: ⏱ mittel
Mit wem möglich? 👤 alleine / 👥 Gruppe / 💜 zu zweit
Mit Tieren: 🐾 nicht geeignet
Wetter: ☁ jedes Wetter

„ES IST BESSER, EIN EINZIGES LICHT ZU ENTZÜNDEN, ALS DIE DUNKELHEIT ZU VERFLUCHEN."
– Konfuzius

💡 Das Gestalten mit Wachs, Duft und Farbe spricht mehrere Sinne gleichzeitig an – das reduziert Stress und stärkt das emotionale Wohlbefinden.
(QUELLE: KAIMAL ET AL., 2016, ART THERAPY: JOURNAL OF THE AMERICAN ART THERAPY ASSOCIATION)

Kategorie: Kreativitätsförderung

Ein Mini-Zine ist ein kleines DIY-Heftchen – gefaltet aus nur einem Blatt Papier. Darin kannst du alles festhalten: Gedanken, Collagen, Skizzen, Tipps, kleine Geschichten. Es ist dein eigener Mini-Verlag – und die kreativste Art, dich auszudrücken.

Du brauchst:
Papier (A4 oder A5), Schere, Stifte, ggf. Sticker, Kleber, alte Bilder oder Texte

Ort: 🏠 drinnen
Kosten: 💸 kostenlos
Dauer: ⏱ kurz bis mittel
Mit wem möglich? 👤 alleine
Mit Tieren: 🐾 möglich
Wetter: ☁ jedes Wetter

„VERÖFFENTLICHE DICH SELBST."
– Riot Grrrl-Motto

💡 Zine-Gestaltung ist eng mit Empowerment, politischem Ausdruck und psychischer Selbstwirksamkeit verbunden – besonders bei Jugendlichen und jungen Erwachsenen.
(QUELLE: LENTERS, 2006)

Kategorie: Kreativitätsförderung

Gib alten Möbelstücken neues Leben – mit Farbe, neuen Griffen, Stoffen oder Mustern. Ob Flohmarkttisch, altes Regal oder Stuhl aus Omas Keller: Upcycling ist nicht nur nachhaltig, sondern auch Ausdruck deines Stils. Es darf schiefgehen – und wird trotzdem schön.

Du brauchst:
Altes Möbelstück, Farbe (z. B. Kreidefarbe), Pinsel, Schleifpapier, Schraubenzieher, ggf. neue Griffe oder Stoffe

Ort: 🏠 drinnen / 🌿 draußen
Kosten: 🎨 kostenlos (wenn vorhanden) / €
Dauer: ⏱ mittel bis lang
Mit wem möglich? 👤 alleine / 👥 Gruppe / 💜 zu zweit
Mit Tieren: 🐾 nicht geeignet
Wetter: 🌥 jedes Wetter (bei geschütztem Arbeitsplatz)

„DESIGN IST DER BEWUSSTE VERSUCH, EINE SINNVOLLE ORDNUNG ZU SCHAFFEN."
– *Victor Papanek*

💡 Upcycling stärkt Kreativität, Improvisation und Selbstwirksamkeit. Studien zeigen, dass handwerkliches Gestalten den Cortisolspiegel senken und das Gefühl von Stolz und Autonomie fördern kann. (QUELLE: PÖLLMANN, 2021, UMWELTPSYCHOLOGIE & DIY-FORSCHUNG)

Kategorie: Kreativitätsförderung

Mach aus einem einfachen Notizbuch etwas ganz Eigenes: mit Stickern, Collagen, Doodles, Farbe oder kleinen Einträgen. Du kannst es thematisch gestalten – als Dankbarkeitstagebuch, Ideensammlung oder Gedankenarchiv. Es wird zu deinem kreativen Begleiter.

Du brauchst:
Blanko-Notizbuch, Stifte, Marker, Washi-Tape, Sticker, Bilder oder Texte, ggf. Kleber und Schere

Ort: 🏠 drinnen
Kosten: 💸 kostenlos bis €
Dauer: ⏱ kurz bis mittel
Mit wem möglich? 👤 alleine / 👥 Gruppe / ♥ zu zweit
Mit Tieren: 🐾 möglich
Wetter: ☁ jedes Wetter

„I WRITE TO KNOW WHAT I THINK."
– *Joan Didion*

💡 Kreativ gestaltete Notizbücher fördern Selbstorganisation, Ausdrucksfähigkeit und Achtsamkeit. Besonders visuelle Menschen profitieren davon, Gedanken mit Gestaltung zu verknüpfen. (QUELLE: PAIVIO, 1990, DUAL CODING THEORY)

Kategorie: Kreativitätsförderung

Origami ist die Kunst des Papierfaltens – still, achtsam und voller Symbolik. Mit wenigen Handgriffen entstehen Vögel, Blumen, Sterne oder Tiere. Es geht um Konzentration, Rhythmus und die Freude am Schlichten. Ideal für ruhige Momente.

Du brauchst:
Origami-Papier oder quadratisches Papier, ggf. Anleitung oder Faltbuch

Ort: 🏠 drinnen
Kosten: 💸 kostenlos bis €
Dauer: ⏱ kurz bis mittel
Mit wem möglich? 👤 alleine / 👥 Gruppe / 🖤 zu zweit
Mit Tieren: 🐾 nicht geeignet
Wetter: ☁ jedes Wetter

„YOU'D BE AMAZED HOW MUCH CAN BE CREATED FROM A
SINGLE SQUARE."
– *Akira Yoshizawa, Großmeister des Origami*

💡 Origami steigert laut Studien die visuelle Vorstellungskraft, Konzentration und emotionale Regulation. Besonders hilfreich ist es bei Stress, ADHS oder in stillen Therapiesettings.
(QUELLE: HANADA, 2022, FRONTIERS IN PSYCHOLOGY)

Kategorie: Kreativitätsförderung

Ob mit Textilfarben, Bleiche, Bügelbildern oder Schablonen – aus einem einfachen Shirt wird ein echtes Statement. Du kannst Muster, Wörter, Motive oder Kunstwerke darauf bringen und dein ganz persönliches Design tragen. Kreativität zum Anziehen.

Du brauchst:
T-Shirt (hell oder einfarbig), Textilfarbe oder Stifte, Pinsel, Schablonen, ggf. Bügeleisen zum Fixieren

Ort: 🏠 drinnen / ☁ draußen
Kosten: 💸 €
Dauer: ⏱ mittel
Mit wem möglich? 👤 alleine / 👥 Gruppe / ♥ zu zweit
Mit Tieren: 🐾 eher nicht geeignet
Wetter: ☁ jedes Wetter

„KLEIDUNG BEDEUTET NICHTS, BIS JEMAND SIE TRÄGT."
– Marc Jacobs

💡 Eigene Kleidung zu gestalten fördert nicht nur Kreativität, sondern auch Identitätsentwicklung und Ausdruck. Studien zeigen: Selbstgestaltetes wird länger getragen und geschätzt.
(QUELLE: NIINIMÄKI, 2011, JOURNAL OF SUSTAINABLE FASHION)

Kategorie: Kreativitätsförderung

Ein komplexes Thema auf ein Poster bringen – klar, anschaulich, auf einen Blick. Du kombinierst Inhalte mit Design und Struktur, fasst zusammen, was wirklich zählt, und schaffst ein persönliches Lernwerkzeug – das auch schön aussieht.

Du brauchst:
Thema deiner Wahl, Papier oder Grafiktool (z. B. Canva, Inkscape), Marker oder Farben, etwas Zeit

Ort: 🏠 drinnen
Kosten: 💸 kostenlos bis €
Dauer: ⏱ mittel
Mit wem möglich? 🧍 alleine / 💜 zu zweit
Mit Tieren: 🐾 schnurren motivierend daneben
Wetter: ☁ perfekt für Kreativzeit

„WENN DU ES VISUALISIEREN KANNST, HAST DU ES VERSTANDEN."
– Lernkultur

💡 Visuelle Repräsentationen wie Poster, Infografiken oder Sketchnotes verbessern das Behalten und erleichtern den Wissenstransfer – besonders bei abstrakten Themen.
(QUELLE: DE VRIES, 2011, JOURNAL OF EDUCATIONAL PSYCHOLOGY)

Kategorie: Kreativitätsförderung

Mit Ton in den Händen verlangsamt sich alles. Du formst, drückst, glättest – und lässt dabei oft mehr los, als du denkst. Ob Schale, Figur, Anhänger oder freies Formen: Ton bringt dich ins Spüren und schafft etwas Greifbares.

Du brauchst:
Ton oder lufttrocknende Modelliermasse, Schüssel mit Wasser, Werkzeug (z. B. Löffel, Messer, Holzstäbchen), Unterlage

Ort: 🏠 drinnen / 🌳 draußen
Kosten: 💸 €
Dauer: ⏱ mittel bis lang
Mit wem möglich? 🧍 alleine / 👥 Gruppe / 🤍 zu zweit
Mit Tieren: 🐾 nicht geeignet
Wetter: ☁ jedes Wetter

„DIE HAND IST DER SICHTBARE TEIL DES GEHIRNS."
— *Immanuel Kant*

💡 Das Arbeiten mit Ton aktiviert taktile Sinne, beruhigt das Nervensystem und wird in der Kunsttherapie zur Stressreduktion, Traumabewältigung und Selbstwahrnehmung eingesetzt.
(QUELLE: MOON, 2010, MATERIALS & MEDIA IN ART THERAPY)

KREATIVITÄT IST KEIN TALENT – SIE IST EIN ZUSTAND. IN DIESEM KAPITEL HAST DU ERLEBT, WIE SCHÖPFERISCHES TUN DICH INNERLICH BEWEGEN KANN. JETZT IST ES ZEIT FÜR EINEN RÜCKBLICK.

1. Welche kreative Aktivität hat dich am meisten inspiriert oder überrascht – und warum?
2. Gab es einen Moment, in dem du völlig im Tun versunken warst?
3. Wie hat sich dein Denken oder deine Stimmung durch das Gestalten verändert?
4. Was bedeutet Kreativität für dich – jenseits von „künstlerischem Können"?
5. Welche Ausdrucksform fühlt sich für dich am natürlichsten an?
6. Wie könntest du mehr Raum für kreatives Tun in deinem Alltag schaffen?

PERSPEKTIVWECHSEL, WERTE, ZIELE

Selbstreflexion ist der Beginn jeder inneren Entwicklung. Sie macht Unbewusstes sichtbar und stärkt deine Identität. In diesen Beschäftigungen findest du Raum für Fragen, die tiefer gehen – jenseits von Alltagsautomatik. Psychologisch basiert dieses Kapitel auf Methoden der narrativen Therapie (die mit Geschichten und inneren Bildern arbeitet), der Tagebuchforschung und der positiven Psychologie. Wer sich selbst begegnet, **begegnet dem Leben klarer**.

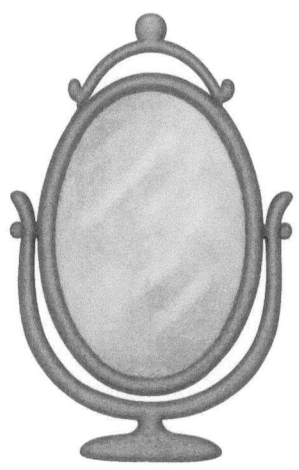

Kategorie: Selbstreflexion

Schreib dir selbst – in einem Jahr, fünf Jahren oder einfach für später. Was bewegt dich gerade? Was wünschst du dir? Welche Gedanken willst du nicht vergessen? Dieser Brief ist ein ehrlicher Moment für dich – und ein Geschenk an dein späteres Ich.

Du brauchst:
Papier, Stift, Umschlag, evtl. Datum & Ort zum Aufbewahren oder Verstecken

Ort: 🏠 drinnen
Kosten: 🪙 kostenlos
Dauer: ⏱ kurz bis mittel
Mit wem möglich? 👤 alleine
Mit Tieren: 🐾 möglich
Wetter: ☁ jedes Wetter

„WHAT YOU DO TODAY CAN IMPROVE ALL YOUR TOMORROWS."
– Ralph Marston

💡 Das Schreiben an das eigene Zukunfts-Ich fördert Selbstreflexion, Langzeitdenken und emotionale Verarbeitung. In Studien hilft es besonders bei Unsicherheiten oder Übergängen.
(QUELLE: KING & HICKS, 2009, JOURNAL OF RESEARCH IN PERSONALITY)

Kategorie: Selbstreflexion

Ein paar Minuten am Tag – und du siehst die Welt anders. In einem Dankbarkeitstagebuch notierst du, wofür du dankbar bist. Kleine Dinge, große Momente, stille Begegnungen. Du lenkst deinen Fokus weg vom Mangel – hin zum Guten.

Du brauchst:
Notizbuch oder Zettel, Stift, evtl. feste Tageszeit oder Routine

Ort: 🏠 drinnen oder 🌳 draußen
Kosten: 💸 kostenlos bis minimal
Dauer: ⏱ sehr kurz bis kurz
Mit wem möglich? 👤 alleine
Mit Tieren: 🐾 möglich
Wetter: ☁ wetterunabhängig

„NICHT DIE GLÜCKLICHEN SIND DANKBAR. DIE DANKBAREN
SIND GLÜCKLICH."
– Francis Bacon

💡 Ein Dankbarkeitstagebuch richtet den Blick bewusst auf das, was da ist – nicht auf das, was fehlt. Die regelmäßige Praxis steigert nachweislich das subjektive Wohlbefinden, reduziert Stress und kann depressive Symptome lindern.
(QUELLE: PSGZ, 2020, PSYCHISCHE GESUNDHEIT ZENTRALSCHWEIZ)

Kategorie: Selbstreflexion

Gedanken strukturieren, Ideen ordnen, ein Thema durchdenken – ein Konzeptpapier zu schreiben ist wie eine Landkarte zeichnen für das, was in dir bereits existiert. Es muss nicht perfekt sein, sondern klar. Du formulierst, was du willst, warum du es willst – und wie es aussehen könnte.

Du brauchst:
Papier oder Laptop, Ruhe, Thema deiner Wahl (z. B. Projekt, Idee, Veränderung)

Ort: 🏠 zuhause oder 📚 in einem ruhigen Umfeld
Kosten: 🪙 kostenlos
Dauer: ⏱ 30–90 Minuten
Mit wem möglich? 👤 alleine
Mit Tieren: 🐾 unproblematisch
Wetter: ☁ wetterunabhängig

„GEDANKEN WERDEN KRAFTVOLL, WENN DU IHNEN STRUKTUR GIBST."
– frei nach David Allen

💡 Das schriftliche Ausarbeiten von Ideen fördert laut Kognitionspsychologie nicht nur Klarheit, sondern erhöht die Zielbindung und Entscheidungsfähigkeit – besonders bei komplexen Fragestellungen.
(QUELLE: KELLOGG, R. T., 2008, TRAINING WRITING SKILLS: A COGNITIVE DEVELOPMENTAL PERSPECTIVE)

Kategorie: Selbstreflexion

Drei Seiten. Ohne Plan, ohne Bewertung. Direkt nach dem Aufwachen schreibst du alles auf, was dir in den Sinn kommt. Gedankenmüll, Gefühle, Ideen – raus aufs Papier. Die Morgenseiten sind wie ein Gespräch mit dir selbst. Ehrlich. Roh. Heilsam.

Du brauchst:
Notizbuch oder lose Blätter, Stift, etwas Zeit am Morgen, Ruhe

Ort: 🏚 drinnen
Kosten: 💸 kostenlos bis minimal
Dauer: 🕐 kurz bis mittel
Mit wem möglich? 🧍 alleine
Mit Tieren: 🐾 möglich
Wetter: ☁ wetterunabhängig

„DIE MORGENSEITEN ZEIGEN DIR, WAS IN DIR LEBT, BEVOR DER TAG ES ÜBERDECKT."
– *Julia Cameron*

💡 Die Morgenseiten – frei geschrieben am Anfang des Tages – sind ein mentaler Filter, ein inneres Aufräumen. Sie fördern Selbstwahrnehmung, lösen Grübelschleifen auf und aktivieren das kreative Denken. Psychologisch wirkt Journaling wie ein emotionales Ventil.
(QUELLE: SELFAPY, 2023, ONLINE MAGAZIN)

Kategorie: Selbstreflexion

Eine kleine Schatzkiste nur für dich. Gefüllt mit Dingen, die dir guttun: Tee, ein Brief an dich selbst, ein Duftöl, Schokolade, Erinnerungen, Affirmationen … Was immer dich nährt. Die Selfcare-Box wartet auf dich – wenn du es brauchst.

Du brauchst:
Schachtel oder Korb, persönliche Lieblingsdinge, evtl. Deko oder Karten

Ort: 🏠 drinnen
Kosten: 💰 minimal bis € (je nach Inhalt)
Dauer: ⏱ kurz bis mittel
Mit wem möglich? 👤 alleine
Mit Tieren: 🐾 möglich
Wetter: ☁ wetterunabhängig

„TU DEINEM LEIB ETWAS GUTES, DAMIT DEINE SEELE LUST
HAT, DARIN ZU WOHNEN."
– Teresa von Ávila

💡 Selbstfürsorge stärkt Resilienz, senkt Stresslevel und fördert eine gesunde emotionale Balance – besonders, wenn sie regelmäßig bewusst zelebriert wird.
(QUELLE: NEFF, 2003, SELF-COMPASSION: THE PROVEN POWER OF BEING KIND TO YOURSELF)

Kategorie: Selbstreflexion

Ein Vision Board ist ein visuelles Zielbild deiner Wünsche, Träume und Intentionen. Du gestaltest es aus Bildern, Worten oder Symbolen – ganz intuitiv. Es erinnert dich täglich daran, was dir wichtig ist, und bringt Fokus, Motivation und Klarheit.

Du brauchst:
Papier oder Pappe, Bilder (aus Zeitschriften, Prints oder digital), Kleber, Schere, Stifte

Ort: 🏠 drinnen
Kosten: 💸 kostenlos bis €
Dauer: ⏱ kurz bis mittel
Mit wem möglich? 👤 alleine / 👥 Gruppe / 💜 zu zweit
Mit Tieren: 🐾 möglich
Wetter: ☁ jedes Wetter

„WOHIN DU DEINE AUFMERKSAMKEIT LENKST, DORTHIN
FLIEßT DEINE ENERGIE."
– Tony Robbins

💡 Studien zeigen: Das Visualisieren von Zielen über Bilder aktiviert ähnliche Gehirnareale wie tatsächliche Erfahrungen – und kann Motivation, Ausdauer und Zielklarheit steigern.
(QUELLE: TAYLOR ET AL., 1998, JOURNAL OF PERSONALITY AND SOCIAL PSYCHOLOGY)

Kategorie: Selbstreflexion

Ziele sind mehr als To-dos – sie zeigen dir, was dir wichtig ist. Beim Reflektieren deiner Ziele kannst du prüfen: Wohin will ich eigentlich gerade? Was habe ich erreicht? Was fühlt sich noch stimmig an – und was darf sich verändern? Es geht nicht um Kontrolle, sondern um Klarheit.

Du brauchst:
Stift und Papier oder Laptop, evtl. alte Zielnotizen, Zeit zum Nachspüren

Ort: 🏠 zuhause oder 📚 an einem ruhigen Ort
Kosten: 💰 kostenlos
Dauer: ⏱ 30–60 Minuten
Mit wem möglich? 👤 alleine
Mit Tieren: 🐾 unproblematisch
Wetter: ☁ wetterunabhängig

„ZIELE GEBEN RICHTUNG – ABER DU ENTSCHEIDEST, OB DU WEITERGEHST."
– frei nach Viktor Frankl

💡 Zielreflexion hilft nachweislich, Motivation und Selbstregulation zu stärken – besonders wenn Ziele realistisch, persönlich bedeutungsvoll und flexibel angepasst werden können.
(QUELLE: KOESTNER, R., LEKES, N., POWERS, T. A., & CHICOINE, E., 2002, JOURNAL OF PERSONALITY AND SOCIAL PSYCHOLOGY)

Kategorie: Selbstreflexion

Ein Glas voller Zettel – jeder steht für einen Wunsch, einen Traum, ein Erlebnis oder einen Gedanken. Du kannst es täglich oder intuitiv befüllen und immer wieder öffnen. Ob alleine oder gemeinsam: Ein Wünsche-Glas bewahrt, was dir wichtig ist.

Du brauchst:
Ein leeres Glas (z. B. Schraubglas), kleine Zettel oder Papierstreifen, Stifte, Deko (z. B. Bänder, Etikett)

Ort: 🏠 drinnen
Kosten: 💸 kostenlos bis €
Dauer: ⏱ kurz (immer wieder)
Mit wem möglich? 🧍 alleine / 👫 Gruppe / 💜 zu zweit
Mit Tieren: 🐾 möglich
Wetter: ☁ jedes Wetter

„WÜNSCHEN IST DER ANFANG ALLEN TRÄUMENS."
– Lailah Gifty Akita

💡 Das Visualisieren und Aufschreiben von Wünschen erhöht laut psychologischer Forschung die Zielklarheit und Motivation – besonders, wenn es regelmäßig geschieht.
(QUELLE: OETTINGEN, 2014, PSYCHOLOGY OF GOAL PURSUIT)

DIESES KAPITEL LÄDT DICH EIN, DICH SELBST KLARER ZU SEHEN –
DEINE GEDANKEN, MUSTER, WERTE UND PERSPEKTIVEN. ES GEHT
NICHT UM SCHNELLE ANTWORTEN, SONDERN UM EHRLICHES
HINSCHAUEN.

1. Welche Übung hat dir geholfen, dich selbst besser zu verstehen?
2. Gab es einen Gedanken oder eine Erkenntnis, die dich überrascht oder bewegt hat?
3. Wie hat sich dein Blick auf dich selbst im Laufe des Kapitels verändert?
4. Was hast du über deine inneren Bedürfnisse, Werte oder Ziele erkannt?
5. Gibt es Gedankenmuster, die du loslassen oder stärken möchtest?
6. Wie kannst du dir regelmäßig Zeit für ehrliche Selbstreflexion nehmen?

BEWEGUNG, SPIEL, ENERGIE, GRUPPENAKTIVITÄT

Bewegung und Spiel sind keine Kindersache – sie sind neurobiologische Werkzeuge für Gesundheit. Dieses Kapitel lädt dich ein, deinen Körper zu erleben: kraftvoll, frei, lebendig. Studien zeigen, dass körperliche Aktivität Botenstoffe wie Dopamin und Endorphine freisetzt – sie machen dich **wacher, fröhlicher** und **ausgeglichener.** Und das Beste: Es darf dabei leicht sein.

Kategorie: Aktiv & spielerisch

Hier gibt's keine Altersgrenze. Ob Seilbahn, Kletterburg, Matschküche oder Hängebrücke – Abenteuerspielplätze laden dazu ein, Kindsein neu zu entdecken. Klettern, rennen, springen, verstecken: Bewegung wird hier zum Erlebnis, ganz ohne Fitnessplan. Und das Beste? Meist kostenlos – und voller Überraschungen.

Du brauchst:
Neugier, bequeme Kleidung, ggf. Snacks oder Wasser

Ort: 🌳 draußen
Kosten: 🌿 kostenlos
Dauer: ⏱ kurz bis lang
Mit wem möglich? 👤 alleine / 🤍 zu zweit / 👥 Gruppe
Mit Tieren: 🐾 nicht erlaubt
Wetter: ☁ am besten trocken

„ABENTEUER BEGINNEN, WO PLÄNE ENDEN."
– Douglas Adams

💡 Laut Bewegungsforschung fördert freies Spiel auf Abenteuerspielplätzen nicht nur die Koordination, sondern auch Selbstwirksamkeit, Problemlösestrategien und soziale Kompetenzen. (QUELLE: PELLEGRINI & SMITH, 1998, CHILD DEVELOPMENT)

Kategorie: Aktiv & spielerisch

Ein Netz, zwei Schläger und ein Ball, der fliegt wie eine Feder: Badminton ist leicht zu lernen, braucht wenig Platz – und macht einfach Spaß. Ob am Strand, im Garten, auf dem Schulhof oder im Park: Hauptsache, der Wind spielt mit (oder nicht zu sehr gegen euch). Ideal, um sich auszupowern – oder einfach locker zu spielen.

Du brauchst:
Schläger, Federball, etwas Platz – z. B. Wiese, Hof oder Halle

Ort: 🌳 draußen oder 🏠 drinnen
Kosten: 💸 kostenlos bis €
Dauer: ⏱ kurz bis mittel
Mit wem möglich? ♥ zu zweit / 👫 Gruppe
Mit Tieren: 🐾 nicht geeignet
Wetter: ☁ am besten trocken

„SPORT IST DIE POESIE DER BEWEGUNG."
— *Jean Giraudoux*

💡 Badminton ist laut Sportmedizin ein gelenkschonendes Ganzkörpertraining. Es verbessert Reaktionsfähigkeit, Ausdauer, Koordination – und wirkt positiv auf Konzentration & Stimmung. (QUELLE: CABELLO-MANRIQUE & GONZÁLEZ-BADILLO, 2003, JOURNAL OF SPORTS MEDICINE)

Kategorie: Aktiv & spielerisch

Drei gegen drei – das ist nicht nur fair, sondern richtig intensiv. Weniger Spieler bedeuten mehr Ballkontakt, mehr Taktik und Action pur. Ob auf dem Court im Kiez oder mit Kreidelinien auf dem Schulhof: 3vs3 ist schnell, kreativ und macht auch zu sechst richtig Spaß.

Du brauchst:
Basketball, ein passender Platz mit Korb – oder Fantasie und ein Ziel

Ort: 🏀 draußen oder 🏠 Halle
Kosten: 💸 kostenlos
Dauer: ⏱ kurz bis mittel
Mit wem möglich? 👫 Gruppe (mind. 6 Personen)
Mit Tieren: 🐾 nicht geeignet
Wetter: ☁ am besten trocken

„TALENT GEWINNT SPIELE, ABER TEAMWORK UND INTELLIGENZ GEWINNEN MEISTERSCHAFTEN."
- *Michael Jordan*

💡 Studien zeigen: Streetball stärkt Teamfähigkeit, Reaktionsgeschwindigkeit und die kardiovaskuläre Fitness. Durch die hohe Spielintensität werden fast alle Muskelgruppen beansprucht. (QUELLE: ABDELKRIM ET AL., 2007, JOURNAL OF STRENGTH AND CONDITIONING RESEARCH)

Kategorie: Aktiv & spielerisch

Barfuß im Sand, der Himmel weit über dir, ein Ball in der Luft – Beachvolleyball ist Energie, Teamspirit und Sommerfeeling pur. Du brauchst kein Meer dafür – ein Sandplatz im Park oder auf dem Schulgeländer reicht. Es geht um Präzision, Timing und Spaß am Zusammenspiel.

Du brauchst:
Volleyball, Sandplatz, Sonnenbrille optional

Ort: ☀ draußen (Sandplatz)
Kosten: 🖌 kostenlos bis €
Dauer: ⏱ kurz bis lang
Mit wem möglich? ♥ zu zweit / 👭 Gruppe
Mit Tieren: 🐾 nicht geeignet
Wetter: ☀ am besten trocken und warm

„SPIELEN IST DIE HÖCHSTE FORM DER FORSCHUNG."
– *Albert Einstein*

💡 Beachvolleyball trainiert laut Sportwissenschaft besonders Koordination, Ausdauer und Teamfähigkeit. Durch den instabilen Sandboden wird zusätzlich die Tiefenmuskulatur aktiviert.
(QUELLE: SMITH ET AL., 2015, JOURNAL OF HUMAN KINETICS)

Kategorie: Aktiv & spielerisch

Hoch hinaus – aber ohne Seil. Beim Bouldern kletterst du in Absprunghöhe, über Matten oder Felsen. Jeder Griff zählt, jeder Zug ist ein kleines Rätsel. Es geht nicht nur um Kraft, sondern auch um Technik, Balance und Mut. Und: Es macht süchtig – im besten Sinne.

Du brauchst:
Bequeme Kleidung, Kletterschuhe (ausleihbar), Chalk, ggf. Boulderhalle

Ort: 🪨 drinnen (Halle) oder 🧗 draußen (Felsen, Boulderwand)
Kosten: 💰 €–€€
Dauer: ⏱ kurz bis mittel
Mit wem möglich? 👤 alleine / 🖤 zu zweit / 👬 Gruppe
Mit Tieren: 🐾 nicht geeignet
Wetter: ☁ drinnen oder bei Trockenheit draußen

„NUR WER LOSLÄSST, KANN AUCH NEU GREIFEN."
– Kletterer-Spruch

💡 Bouldern fördert laut Bewegungsforschung nicht nur Muskelkraft und Beweglichkeit, sondern auch Problemlösung, Risikoeinschätzung und Selbstvertrauen.
(QUELLE: GILES ET AL., 2021)

Kategorie: Aktiv & spielerisch

Zelt aufbauen, unter dem Sternenhimmel schlafen, am Morgen mit Vogelstimmen aufwachen – ein Campingtrip ist pures Abenteuer und echte Entschleunigung. Ob im Wald, auf dem Campingplatz oder am See: Es geht um Gemeinschaft, Natur, Freiheit und das gute Gefühl, mit wenig auszukommen.

Du brauchst:
Zelt oder Schlafplatz, Isomatte, Schlafsack, ggf. Gaskocher & Taschenlampe

Ort: ⛺ draußen
Kosten: 💸 €–€€ (je nach Ort & Ausstattung)
Dauer: ⏱ lang (meist 1 Nacht oder mehr)
Mit wem möglich? 🖤 zu zweit / 👫 Gruppe
Mit Tieren: 🐾 oft erlaubt
Wetter: ☁ trockenes Wetter empfohlen

„GEHE HINAUS – DORT BEGINNT DAS LEBEN."
– Jack Kerouac

💡 Camping wirkt laut Umweltpsychologie stressmindernd, fördert Resilienz und stärkt die Bindung zur Natur. Bereits eine Nacht in der Natur senkt den Cortisolspiegel messbar.
(QUELLE: BRATMAN ET AL., 2015, PROCEEDINGS OF THE NATIONAL ACADEMY OF SCIENCES)

Kategorie: Aktiv & spielerisch

Ein Windstoß, die Leine spannt sich – und dein Drache tanzt über den Himmel. Drachensteigen ist magisch einfach: Du brauchst kaum Ausrüstung, aber den richtigen Moment. Und dann geht's nur noch ums Spüren, Loslassen, Nachjustieren – wie im echten Leben.

Du brauchst:
Drachen (klein oder groß), offenes Gelände, etwas Wind

Ort: 🌳 draußen (z. B. Wiese, Feld, Park)
Kosten: 💐 €
Dauer: ⏱ kurz bis mittel
Mit wem möglich? 👤 alleine / 🖤 zu zweit
Mit Tieren: 🐾 möglich, wenn freilaufend erlaubt
Wetter: 🌤 windig, aber trocken

„DER WIND BRINGT DICH NICHT AUS DEM GLEICHGEWICHT
– ER TRÄGT DICH."
– *Unbekannt*

💡 Drachenfliegen fördert laut Freizeitforschung die Achtsamkeit und motorische Koordination. Der Blick in den Himmel wirkt entspannend und kann das Gedankenkarussell stoppen.
(QUELLE: ULRICH ET AL., 1991, JOURNAL OF ENVIRONMENTAL PSYCHOLOGY)

Kategorie: Aktiv & spielerisch

Eintauchen, atmen, wach werden. Eisbaden ist ein intensives Erlebnis für Körper und Geist – es bringt dich direkt in den Moment. Wer sich der Kälte stellt, stärkt nicht nur das Immunsystem, sondern auch das Vertrauen in sich selbst.

Du brauchst:
Zugang zu kaltem Wasser (See, Fass, Dusche), Handtuch, warme Kleidung für danach, evtl. Begleitung

Ort: ❄ draußen (See, Fluss) oder 🛁 drinnen (kalte Dusche/Fassbad)
Kosten: 💸 kostenlos
Dauer: ⏱ sehr kurz
Mit wem möglich? 👤 alleine oder ♥ zu zweit (mit Achtsamkeit)
Mit Tieren: 🐾 nicht geeignet
Wetter: ❄ am besten kühl/kalt

„DER KÖRPER FRIERT – ABER DER GEIST WIRD WACH."
– *Wim Hof*

💡 Eisbaden regt die Durchblutung an, reduziert Entzündungswerte, stärkt das Immunsystem und fördert die Ausschüttung von Glückshormonen wie Dopamin und Noradrenalin.
(QUELLE: KOX ET AL., 2014, PROCEEDINGS OF THE NATIONAL ACADEMY OF SCIENCES)

Kategorie: Aktiv & spielerisch

Die Stadt hinter dir lassen, der Wind im Gesicht, die Strecke offen vor dir. Eine Tagestour mit dem Fahrrad bedeutet Freiheit auf zwei Rädern. Ob allein durch Felder, mit Freunden zur nächsten Eisdiele oder ans Wasser – es geht ums Ankommen, aber auch ums Unterwegssein.

Du brauchst:
Fahrrad, Helm, Getränke, Snacks, evtl. Reparaturset und Powerbank

Ort: 🚲 draußen
Kosten: 💸 kostenlos bis € (je nach Verpflegung)
Dauer: ⏱ lang (halber bis ganzer Tag)
Mit wem möglich? 🧍 alleine / ❤ zu zweit / 👥 Gruppe
Mit Tieren: 🐾 mit Hundeanhänger möglich
Wetter: 🍂 am besten trocken

„NICHTS IST VERGLEICHBAR MIT DER EINFACHEN FREUDE, RAD ZU FAHREN."
– *John F. Kennedy*

💡 Laut Mobilitätsforschung wirkt Radfahren nicht nur gesundheitsfördernd, sondern auch stressreduzierend. Es stärkt Herz, Muskeln und das Gefühl von Autonomie.
(QUELLE: OJA ET AL., 2011, AMERICAN JOURNAL OF PUBLIC HEALTH)

Kategorie: Aktiv & spielerisch

Ein großes Feld, ein paar Freunde – und los geht's: Brennball, Zombieball, Völkerball oder Capture the Cone. Feldspiele sind laut, wild, frei. Sie machen wach, bringen Bewegung in Gruppen und sind ein Klassiker, der nie langweilig wird.

Du brauchst:
Wiese oder Schulhof, Softball, Kreide, Kegel oder Hütchen

Ort: 🌳 draußen
Kosten: 💸 kostenlos
Dauer: ⏱ kurz bis mittel
Mit wem möglich? 👥 Gruppe
Mit Tieren: 🐾 nicht geeignet
Wetter: 🌥 trockenes Wetter empfohlen

„MAN IST NIE ZU ALT, UM WILD ZU SPIELEN."
– George Bernard Shaw

💡 Feldspiele verbessern laut Bewegungsforschung motorische Grundfähigkeiten, Sozialverhalten und Gruppendynamik – und fördern Freude an Bewegung.
(QUELLE: GALLAHUE & OZMUN, 2006, UNDERSTANDING MOTOR DEVELOPMENT)

Kategorie: Aktiv & spielerisch

Matten, Bänke, Kästen – alles wird zur Challenge. Beim Hallenparkour geht's nicht ums Gewinnen, sondern ums Überwinden: Hüpfen, kriechen, balancieren, springen. Ob als Kindheitsflashback oder neues Abenteuer – du bestimmst Tempo und Route.

Du brauchst:
Turnhalle, Geräte (z. B. Bänke, Matten, Kästen), ggf. Stoppersocken

Ort: 🏠 drinnen
Kosten: 💸 €–€€ (z. B. Sportverein, offener Treff)
Dauer: ⏱ kurz bis mittel
Mit wem möglich? 🧍 alleine / 🖤 zu zweit / 👥 Gruppe
Mit Tieren: 🐾 nicht geeignet
Wetter: 🌥 wetterunabhängig

> „MANCHE HINDERNISSE ÜBERWINDET MAN NICHT – MAN SPRINGT DRÜBER."
> – *Unbekannt*

💡 Parkour stärkt laut Bewegungswissenschaft Koordination, Schnellkraft und Reaktionsvermögen. Es fördert außerdem Selbstvertrauen durch das spielerische Erleben eigener Grenzen. (QUELLE: GÜLLICH & EMRICH, 2006, EUROPEAN JOURNAL OF SPORT SCIENCE)

Kategorie: Aktiv & spielerisch

Ein Kreis, der nie aufhört – wenn du es schaffst. Hula-Hoop ist mehr als Kindheitserinnerung: Es trainiert den Core, macht gute Laune und sieht mit etwas Übung richtig cool aus. Musik an, Reifen in Schwung bringen – und los geht's!

Du brauchst:
Hula-Hoop-Reifen (am besten für Anfänger geeignet), bequeme Kleidung

Ort: 🏠 drinnen oder 🌳 draußen
Kosten: 💸 €
Dauer: ⏱ kurz bis mittel
Mit wem möglich? 👤 alleine / 🖤 zu zweit
Mit Tieren: 🐾 möglich
Wetter: ☁ jedes Wetter (je nach Ort)

„TANZEN IST TRÄUMEN MIT DEN BEINEN."
– *Herwig Mitteregger*

💡 Hula-Hoop trainiert laut Sportmedizin Bauch- und Rückenmuskulatur, Koordination und Ausdauer. Es ist gelenkschonend und kann bei regelmäßigem Training sogar Rückenschmerzen lindern. (QUELLE: KRÖNER-HERWIG ET AL., 2018, DEUTSCHE ZEITSCHRIFT FÜR SPORTMEDIZIN)

Kategorie: Aktiv & spielerisch

Fließen statt hetzen, rollen statt rennen – Inlineskating oder Rollschuhlaufen bringt dich in Bewegung und lässt dich gleichzeitig loslassen. Ob auf dem Parkplatz, in der Halle oder im Park: Es trainiert Balance, Körpergefühl und bringt oft ein Grinsen zurück ins Gesicht.

Du brauchst:
Inlineskates oder Rollschuhe, Schutz (Helm, ggf. Schoner), ebene Strecke

Ort: 🚐 draußen oder 🏢 in einer Halle
Kosten: 💰 ggf. Leihgebühr oder Ausrüstung
Dauer: ⏱ 30–60 Minuten
Mit wem möglich? 👤 alleine oder 👥 gemeinsam
Mit Tieren: 🐾 nicht geeignet
Wetter: ☁ am besten trocken

„MANCHMAL KOMMT MAN NUR INS GLEICHGEWICHT,
WENN MAN IN BEWEGUNG BLEIBT."
– Albert Einstein (zugeschrieben)

💡 Rollsportarten fördern Koordination, Ausdauer und mentale Präsenz – durch rhythmische Bewegung und Fokus entsteht ein Zustand ähnlich dem Flow.
(QUELLE: CSIKSZENTMIHALYI, M., 1990, FLOW: THE PSYCHOLOGY OF OPTIMAL EXPERIENCE)

160

Kategorie: Aktiv & spielerisch

Der Duft von gebrannten Mandeln, bunte Lichter, Adrenalin und Lachen – ein Jahrmarkt ist ein Fest für alle Sinne. Du kannst Achterbahn fahren, Zuckerwatte essen oder dich einfach treiben lassen. Es ist Kindheit, Kirmes und Kitsch – und manchmal genau das Richtige.

Du brauchst:
Eventinfos oder Plan, evtl. Fahrchips, bequeme Kleidung, etwas Bargeld

Ort: 🏘 draußen (Stadtfest, Messe, Volksfest)
Kosten: 💰 €–€€ (je nach Aktivität)
Dauer: ⏱ kurz bis lang
Mit wem möglich? 💜 zu zweit / 👫 Gruppe / 👤 alleine
Mit Tieren: 🐾 eher nicht geeignet
Wetter: ☀ trocken empfohlen

„MANCHMAL BRAUCHT ES NUR LICHTER, MUSIK UND EINEN HAUCH WAHNSINN, UM DAS LEBEN WIEDER ZU FÜHLEN."
– *Jahrmarktsmotto (anonym überliefert)*

💡 Studien zeigen, dass multisensorische Umgebungen wie Freizeitparks oder Kirmes-Areale das emotionale Gedächtnis aktivieren, Dopamin ausschütten und lange nachwirken – vor allem bei Erwachsenen mit Kindheitserinnerungen daran.
(QUELLE: REIMANN & NIEMEYER, 2018, JOURNAL OF ENVIRONMENTAL PSYCHOLOGY)

Kategorie: Aktiv & spielerisch

Zwischen Baumwipfeln balancieren, an Seilen schwingen, Höhen überwinden – ein Kletterwald bringt dich wortwörtlich nach oben. Es geht um Konzentration, Bewegung und Mut. Und manchmal auch einfach darum, aus vollem Herzen zu schreien – vor Freude.

Du brauchst:
Eintritt in einen Kletterpark, sportliche Kleidung, ggf. Handschuhe

Ort: 🌲 draußen
Kosten: 💐 €–€€
Dauer: ⏱ mittel bis lang
Mit wem möglich? 🖤 zu zweit / 👬 Gruppe
Mit Tieren: 🐾 nicht erlaubt
Wetter: ☁ trockenes Wetter empfohlen

„KLETTERE, ALS GÄBE ES KEIN UNTEN."
– Yvon Chouinard

💡 Laut Bewegungsforschung stärkt Klettern nicht nur Muskulatur und Koordination, sondern auch das Selbstvertrauen – besonders bei Jugendlichen. Der Aufenthalt im Wald wirkt zudem stressreduzierend. (QUELLE: MAYER ET AL., 2009, JOURNAL OF ENVIRONMENTAL PSYCHOLOGY)

Kategorie: Aktiv & spielerisch

Licht aus, Konzentration an: Beim Lasertag bewegst du dich durch dunkle Räume, suchst Deckung, reagierst blitzschnell und wirst Teil eines realen Videospiels. Adrenalin trifft Strategie – ein Abenteuer für Teamplayer und Taktiker.

Du brauchst:
Eintritt in eine Lasertag-Halle, bequeme Kleidung, Sportschuhe

Ort: 🏠 drinnen
Kosten: 💰 €–€€
Dauer: ⏱ kurz bis mittel
Mit wem möglich? ♥ zu zweit / 💼 Gruppe
Mit Tieren: 🐾 nicht erlaubt
Wetter: ☂ wetterunabhängig

„STRATEGIE IST DER UNTERSCHIED ZWISCHEN CHAOS UND SIEG."
– Sun Tzu

💡 Lasertag fördert laut Studien die Reaktionsgeschwindigkeit, Raumorientierung und Teamkommunikation – gleichzeitig baut es durch Bewegung Stress ab.
(QUELLE: WANG ET AL., 2019, JOURNAL OF PHYSICAL ACTIVITY & HEALTH)

Kategorie: Aktiv & spielerisch

Leuchtende Bahnen, Schwarzlicht und knifflige Hindernisse: Minigolf bei Nacht verwandelt das klassische Spiel in ein visuelles Erlebnis. Hier geht's um Geschick, Geduld und ein gutes Auge – mit einem Hauch Magie in der Dunkelheit.

Du brauchst:
Eintritt in eine Minigolfanlage mit Nacht- oder Schwarzlichtangebot, ggf. Freunde

Ort: 🏠 drinnen oder 🌳 draußen
Kosten: 💸 €
Dauer: ⏱ kurz bis mittel
Mit wem möglich? 💜 zu zweit / 💼 Gruppe
Mit Tieren: 🐾 nicht erlaubt
Wetter: ☂ wetterunabhängig (drinnen) / ☀ trocken (draußen)

"DIE NACHT GEHÖRT DENEN DIE SIE ZUM LEUCHTEN
BRINGEN."
– Ava DellGira

💡 Minigolf fördert laut Freizeitpsychologie Konzentration, Feinmotorik und Stressabbau – besonders im Schwarzlicht entsteht außerdem eine reizreduzierte Atmosphäre, die entspannend wirkt.
(QUELLE: STROBEL, 2014, LEISURE STUDIES JOURNAL)

Kategorie: Aktiv & spielerisch

Du greifst zu den Rudern, das Boot schaukelt leicht – und dann gleitest du los, begleitet vom Plätschern des Wassers. Ruderboot fahren ist Rhythmus, Ruhe und Naturerlebnis in einem. Hier zählt nicht das Ziel, sondern die Bewegung selbst.

Du brauchst:
Zugang zu einem See oder Fluss, Ruderboot (Leihe), ggf. Schwimmweste

Ort: 🏖 draußen
Kosten: 💸 €–€€
Dauer: ⏱ kurz bis mittel
Mit wem möglich? 💜 zu zweit / 👫 Gruppe
Mit Tieren: 🐾 möglich (je nach Boot)
Wetter: ☀ nur bei gutem Wetter empfohlen

„WER DAS ZIEL KENNT, KANN DEN KURS ÄNDERN."
— *Laozi*

💡 Rudern stärkt laut Sportmedizin fast alle Muskelgruppen, verbessert die Ausdauer und wirkt besonders entspannend durch die rhythmische Bewegung.
(QUELLE: KERR ET AL., 2012, BRITISH JOURNAL OF SPORTS MEDICINE)

Kategorie: Aktiv & spielerisch

Ob auf dem zugefrorenen See oder in der Eishalle – Schlittschuhlaufen ist wie Tanzen auf gefrorenem Wasser. Es verbindet Bewegung, Balance und ein kleines Kribbeln im Bauch. Du gleitest, drehst, lachst – und entdeckst den Winter von seiner lebendigen Seite.

Du brauchst:
Schlittschuhe (leihbar in Eishallen), warme Kleidung, evtl. Handschuhe, Mütze, Heißgetränk danach

Ort: 🏛 draußen (See, bei sicheren Bedingungen) / 🏛 drinnen (Eishalle)
Kosten: 🪙 kostenlos (auf Natursee) oder € (Eintritt/Verleih)
Dauer: ⏱ kurz bis mittel
Mit wem möglich? 👥 Gruppe / 🖤 zu zweit / 👤 alleine
Mit Tieren: 🐾 nur als Zuschauer geeignet
Wetter: ❄ im Winter / ☁ unabhängig bei Halle

„AUF DEM EIS TANZT DAS GLEICHGEWICHT MIT DER FREIHEIT."
– Unbekannt

💡 Studien zeigen: Gleichgewichtsaktivitäten wie Eislaufen stärken Körperbewusstsein, Koordination und Selbstvertrauen – besonders bei Kindern und Jugendlichen.
(QUELLE: HAGA, 2009, SCANDINAVIAN JOURNAL OF MEDICINE & SCIENCE IN SPORTS)

Kategorie: Aktiv & spielerisch

Rätsel lösen, Hinweise finden, im Team tüfteln – eine Schnitzeljagd ist Spannung, Spaß und Bewegung in einem. Du kannst sie selbst organisieren oder an einer öffentlichen teilnehmen. Ideal für Gruppen, Geburtstage oder einfach so. Draußen wird zur Bühne für dein Abenteuer.

Du brauchst:
Vorbereitete Hinweise oder App-basierte Tour, ggf. kleine Preise, wetterfeste Kleidung, Neugier

Ort: 🌳 draußen (Park, Stadt, Natur)
Kosten: 💰 kostenlos bis € (je nach Art)
Dauer: ⏱ kurz bis mittel
Mit wem möglich? 👫 Gruppe / ❤ zu zweit / 👤 alleine (mit App)
Mit Tieren: 🐾 möglich (je nach Ort & Route)
Wetter: ☁ bei trockenem Wetter empfohlen

„NEUGIER IST DER DOCHT IN DER KERZE DES LERNENS."
– *William Arthur Ward*

💡 Schnitzeljagden fördern logisches Denken, Teamfähigkeit und Bewegung an der frischen Luft. Studien zeigen, dass Outdoor-Aufgaben die Motivation und Konzentration steigern.
(QUELLE: RICKINSON ET AL., 2004, LEARNING OUTSIDE THE CLASSROOM)

Kategorie: Aktiv & spielerisch

Schwimmen ist Freiheit – du tauchst ein, wirst leicht, vergisst die Welt. Ob See, Freibad oder Hallenbad: Die Bewegung im Wasser stärkt nicht nur den Körper, sondern klärt auch den Kopf. Es ist Spiel, Sport und Stille zugleich – je nachdem, was du gerade brauchst.

Du brauchst:
Badeanzug oder Badehose, Handtuch, Zugang zu Schwimmbad, See oder Meer, evtl. Schwimmbrille

Ort: 🏔 draußen (See/Meer) oder 🏠 drinnen (Hallenbad)
Kosten: 🌿 kostenlos (Natur) oder € (Eintritt)
Dauer: ⏱ kurz bis mittel
Mit wem möglich? 👤 alleine / ♥ zu zweit / 👥 Gruppe
Mit Tieren: 🐾 bei Naturgewässern möglich
Wetter: ☀ warm / ⛅ mild / ☁ mit Indoor-Option

> „IM WASSER WERDEN WIR WIEDER KINDER – SCHWERLOS
> UND EINS MIT DEM ELEMENT."
> *– Roger Deakin, Naturautor*

💡 Schwimmen aktiviert fast alle Muskelgruppen, fördert das Herz-Kreislauf-System und wirkt nachweislich stressreduzierend. Das Element Wasser verstärkt zudem das Gefühl von Geborgenheit und Selbstregulation.
(QUELLE: COSTILL ET AL., 2011, JOURNAL OF SPORTS SCIENCE & MEDICINE)

Kategorie: Aktiv & spielerisch

Gleichgewicht finden, Schwung holen, Kurven nehmen – Skaten oder Longboarden ist Freiheit auf Rollen. Es geht nicht um Tricks, sondern ums Gleiten. Ob auf dem Parkplatz, in der Halfpipe oder entlang des Flussufers – du bestimmst das Tempo.

Du brauchst:
Skateboard oder Longboard, Helm, Schoner (Knie, Ellenbogen, Handgelenk), flache Schuhe

Ort: 🛹 draußen (glatter Asphalt, Skatepark, ruhige Wege)
Kosten: 💸 kostenlos (wenn Board vorhanden) oder €
Dauer: ⏱ kurz bis lang
Mit wem möglich? 👤 alleine / 👥 Gruppe / 🤍 zu zweit
Mit Tieren: 🐾 möglich (spazierend daneben)
Wetter: ☀ trockenes Wetter empfohlen

„BALANCE FINDET MAN NICHT; MAN SCHAFFT SIE IN BEWEGUNG."
– *Unbekannt*

💡 Studien zeigen, dass Board-Sportarten Gleichgewicht, Körpergefühl und Selbstbewusstsein stärken. Besonders Jugendliche profitieren durch die Verbindung aus Bewegung und Selbstausdruck.
(QUELLE: HEBERT ET AL., 2020, JOURNAL OF YOUTH STUDIES)

Kategorie: Aktiv & spielerisch

Auf dem Wasser stehen, paddeln, gleiten – Stand-Up-Paddling ist wie Spazierengehen auf einem See. Es ist gleichzeitig Training, Meditation und Miniabenteuer. Du entscheidest, ob du sportlich vorankommst oder einfach treiben lässt.

Du brauchst:
SUP-Board (leihbar), Paddel, Schwimmweste, wetterfeste Kleidung, evtl. wasserdichte Tasche

Ort: 🏖 draußen (See, Fluss, Meer – mit ruhigem Wasser)
Kosten: 💸 € (Verleih oder Kurs)
Dauer: ⏱ kurz bis lang
Mit wem möglich? 👤 alleine / 💜 zu zweit / 👥 Gruppe
Mit Tieren: 🐾 möglich (wenn das Tier ruhig bleibt)
Wetter: ☀ warmes, ruhiges Wetter empfohlen

„RUHIG IST NICHT LANGSAM. RUHIG IST BEWUSST."
– Jon Kabat-Zinn

💡 SUP trainiert nahezu alle Muskelgruppen – besonders die Tiefenmuskulatur – und wirkt zugleich entspannend durch den ruhigen Bewegungsfluss.
(QUELLE: SCHRAM ET AL., 2016, JOURNAL OF SPORTS SCIENCE & MEDICINE)

Kategorie: Aktiv & spielerisch

Jeder startet woanders – und am Ziel treffen sich alle. Eine Sternwanderung ist mehr als nur Bewegung: Sie ist Begegnung, Überraschung und Gemeinschaft. Ob zum Lagerfeuer, Picknickplatz oder See – das Ziel verbindet, egal wo du losgehst.

Du brauchst:
Wanderschuhe, wetterfeste Kleidung, Rucksack mit Proviant, Treffpunkt & Uhrzeit

Ort: 🌳 draußen (Natur, Wald, Hügel, Wiese)
Kosten: 🐾 kostenlos
Dauer: ⏱ mittel bis lang
Mit wem möglich? 👫 Gruppe / 🖤 zu zweit / 👤 alleine (mit Treffpunkt)
Mit Tieren: 🐾 ja
Wetter: ☁ bei stabilem Wetter empfohlen

„ALLE WEGE FÜHREN DORTHIN, WO MENSCHEN SICH BEGEGNEN."
– *Wanderweisheit*

💡 Sternwanderungen verbinden körperliche Aktivität mit sozialer Teilhabe – besonders förderlich für Zugehörigkeitsgefühl, Orientierungssinn und Bewegungslust.
(QUELLE: WHO, 2020, PHYSICAL ACTIVITY GUIDELINES)

Kategorie: Aktiv & spielerisch

Ping – Pong – Lachen – Lauf! Tischtennis ist schnell, spaßig und braucht kaum Platz. Ob draußen an der Betonplatte im Park oder drinnen im Keller: Das Spiel holt aus jedem ein paar flinke Reflexe und ein breites Grinsen heraus.

Du brauchst:
Schläger, Tischtennisball, Tisch (oft öffentlich zugänglich), evtl. Spielpartner

Ort: 🏔 draußen oder 🏠 drinnen
Kosten: 🌿 kostenlos bis € (eigene Ausrüstung)
Dauer: ⏱ kurz bis mittel
Mit wem möglich? 💜 zu zweit / 👫 Gruppe
Mit Tieren: 🐾 nur als Zuschauer
Wetter: ☁ draußen bei gutem Wetter, drinnen unabhängig

„DAS LEBEN IST WIE EIN SPIEL – MANCHMAL MUSST DU DEN BALL EINFACH ZURÜCKSCHMETTERN."
– Serena Williams

💡 Tischtennis steigert laut Studien die Reaktionsgeschwindigkeit, Beweglichkeit und sogar die kognitive Leistungsfähigkeit – besonders im Alter.
(QUELLE: SEIDEL ET AL., 2017, NEUROSCIENCE & BIOBEHAVIORAL REVIEWS)

Kategorie: Aktiv & spielerisch

Gemächlich übers Wasser strampeln, die Sonne im Gesicht und vielleicht eine Picknicktasche dabei – Tretbootfahren ist gemütliches Abenteuer. Ob zu zweit oder mit Freunden: Du entscheidest, ob's eher chillig oder spaßig wird.

Du brauchst:
Tretboot (Verleih), evtl. Schwimmweste, Sonnencreme, Kopfbedeckung, Snacks

Ort: draußen (See, ruhiger Fluss, Bootsverleih)
Kosten: €
Dauer: kurz bis mittel
Mit wem möglich? zu zweit / Gruppe / alleine (mit Doppelsitz)
Mit Tieren: ja (je nach Anbieter)
Wetter: bei warmem, ruhigem Wetter

„DER WEG IST DAS ZIEL – AUCH WENN ES STRAMPELND VORANGEHT."
– Konfuzius

Tretbootfahren fördert Ausdauer, Koordination und Entspannung – in einer Studie gaben 89 % der Teilnehmenden an, sich nach einer halben Stunde mental erholt zu fühlen.
(QUELLE: TU DRESDEN, 2019)

Kategorie: Aktiv & spielerisch

Springen, wirbeln, landen – ein Trampolinpark ist pure Energie. Du fliegst durch die Luft, drehst Pirouetten oder landest lachend auf dem Rücken. Egal ob Parcours, Schaumstoffgrube oder Freejump-Area: Hier geht's ums Loslassen und Spaß haben.

Du brauchst:
Bequeme Kleidung, ggf. spezielle Rutschsocken (oft im Eintritt enthalten)

Ort: 🏛 drinnen (Trampolinhalle)
Kosten: 💸 €
Dauer: ⏱ kurz bis mittel
Mit wem möglich? 👫 Gruppe / 🖤 zu zweit / 👤 alleine
Mit Tieren: 🐾 leider nicht
Wetter: ☁ wetterunabhängig

„WER SPRINGT, VERGISST FÜR EINEN MOMENT DIE SCHWERKRAFT – UND OFT AUCH DIE SORGEN."
– Unbekannt

💡 Trampolinspringen gilt als gelenkschonende Ganzkörperaktivität. Es aktiviert die Tiefenmuskulatur, trainiert Koordination, Ausdauer und bringt das Lymphsystem in Schwung – mit nachweislich positiven Effekten auf Stimmung und Fitness.
(QUELLE: AOK, 2022)

IN BEWEGUNG UND SPIEL ENTSTEHT OFT LEICHTIGKEIT – UND MANCHMAL ZEIGT SICH DABEI EINE SEITE VON DIR, DIE DU FAST VERGESSEN HATTEST. LASS UNS DIESEN TEIL GEMEINSAM REFLEKTIEREN.

1. Welche Aktivität hat dir besonders Freude gemacht – und warum?
2. Wann hast du dich zuletzt so spielerisch oder lebendig gefühlt wie bei einer dieser Übungen?
3. Was hat dir diese körperliche oder spielerische Bewegung emotional gegeben?
4. Was bedeutet „spielerisch leben" für dich – jenseits von Pflicht und Produktivität?
5. Welche Art von Aktivität lässt dich Energie und Lebenslust spüren?
6. Wo könntest du mehr Leichtigkeit, Spiel oder Bewegung in deinen Alltag einladen?

WISSEN, GEISTIGE AKTIVIERUNG, HORIZONTERWEITERUNG

Neugier ist ein evolutionäres Geschenk – sie hält uns offen, wach und lebendig. In diesem Kapitel findest du Ideen, die deinen Geist weiten: durch Entdecken, Nachdenken, Erforschen. Kognitionspsychologisch betrachtet fördern diese Beschäftigungen die sogenannte Neuroplastizität – also die Fähigkeit deines Gehirns, **sich ständig zu verändern und dazuzulernen**. Wissen allein verändert nicht – aber Fragen können es.

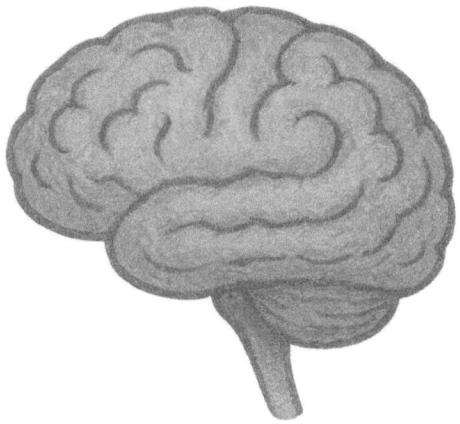

BALLETT ANSCHAUEN

Kategorie: Lernen & Neugier

Ein Ballettabend ist mehr als Tanz – es ist ein Ausdruck von Disziplin, Emotion und purer Körperkunst. Ganz ohne Worte erzählt jede Bewegung eine Geschichte. Ob klassisch oder modern: Ballett berührt auf leise Weise und bleibt oft lange im Gedächtnis.

Du brauchst:
Ticket oder Stream, ggf. schicke Kleidung (je nach Ort), Offenheit für eine wortlose Erzählung

Ort: 🏛 drinnen
Kosten: 💸 €€
Dauer: ⏱ mittel bis lang
Mit wem möglich? 🧍 alleine / 🖤 zu zweit / 👥 Gruppe
Mit Tieren: 🐾 nicht geeignet
Wetter: ☁ jedes Wetter (Indoor-Event)

„TANZ IST DIE VERBORGENE SPRACHE
DER SEELE."
– *Martha Graham*

💡 Das Erleben von Live-Tanz (wie Ballett) fördert laut Studien die Empathiefähigkeit und aktiviert ähnliche Hirnareale wie Bewegung beim Zuschauen – ein echtes emotionales Eintauchen.
(QUELLE: CROSS ET AL., 2006, COGNITIVE NEUROSCIENCE OF DANCE)

178

Kategorie: Lernen & Neugier

Ein Leben nachlesen, Höhen und Tiefen miterleben – Biografien sind Zeitreisen durch echte Geschichten. Ob Visionärin, Erfinder, Künstlerin oder Aktivist: Du bekommst Einblicke in Gedanken, Entscheidungen und Wendepunkte. Inspiration inklusive.

Du brauchst:
Eine Biografie (Buch, Hörbuch oder Doku), Ruhe, Notizmöglichkeit (optional)

Ort: 🛏 drinnen
Kosten: 💸 kostenlos bis €
Dauer: ⏱ mittel bis lang
Mit wem möglich? 👤 alleine
Mit Tieren: 🐾 passt gut daneben
Wetter: 🌧 bestens bei Regenwetter

„WENN DU VERSTEHST, WOHER JEMAND KOMMT, SIEHST DU KLARER, WOHIN DU SELBST WILLST."
– *Biografiegedanke*

💡 Biografien fördern laut Studien Empathie und Perspektivwechsel – besonders wenn sie Brüche oder persönliche Herausforderungen thematisieren.
(QUELLE: YADEN ET AL., 2017, PERSONALITY AND SOCIAL PSYCHOLOGY BULLETIN)

DENKSPIELE LÖSEN

Kategorie: Lernen & Neugier

Kreativität trifft Logik: Denkspiele trainieren dein Gehirn auf spielerische Weise. Ob Rätsel, Logikaufgaben, Schach oder Sudoku – du förderst deine Konzentration, Mustererkennung und Problemlösefähigkeiten. Ganz ohne Leistungsdruck – nur mit Neugier.

Du brauchst:
Rätselheft, App oder Online-Plattform (z. B. Brainteaser, Sudoku, Denkspielkarten), ggf. Partner zum Mitknobeln

Ort: 🛏 drinnen / 💻 online
Kosten: 💸 kostenlos bis €
Dauer: ⏱ kurz bis mittel
Mit wem möglich? 🧍 alleine / 🖤 zu zweit
Mit Tieren: 🐾 eher uninteressiert
Wetter: ☁ perfekt für drinnen

„DAS GEHIRN LIEBT ES, ÜBERRASCHT ZU WERDEN – BESONDERS VON SICH SELBST."
– Denkspruch

💡 Studien zeigen, dass regelmäßiges Lösen von Denkaufgaben die kognitive Flexibilität, das Arbeitsgedächtnis und sogar das Wohlbefinden steigern kann.
(QUELLE: GELFO, 2019)

Kategorie: Lernen & Neugier

Nicht nur anschauen – sondern hinterfragen. Eine Doku zu analysieren bedeutet, aktiv zuzuhören, Quellen zu prüfen und über Botschaften nachzudenken. Du trainierst deinen kritischen Blick und lernst, Medien bewusst zu konsumieren.

Du brauchst:
Dokumentation (z. B. auf Arte, YouTube, Netflix), Notizzettel, ggf. Leitfragen oder Gesprächspartner

Ort: 🛏 drinnen
Kosten: 💸 kostenlos bis €
Dauer: ⏱ mittel
Mit wem möglich? 👤 alleine / 🖤 zu zweit
Mit Tieren: 🐾 stören nicht
Wetter: 🌧 ideal bei Regen

„NICHT JEDE DOKU IST WAHRHEIT – ABER JEDE BIETET EINE NEUE PERSPEKTIVE."
– *Medienbewusstsein*

💡 Aktive Medienanalyse kann laut Studien die kognitive Reflexionsfähigkeit stärken, den Umgang mit Fake News verbessern und politische Bildung fördern.
(QUELLE: HUBER ET AL., 2022, JOURNAL OF MEDIA LITERACY EDUCATION)

Kategorie: Lernen & Neugier

Warum ist das so? Und was wäre, wenn …? Eine eigene Theorie zu entwickeln bedeutet, aktiv zu denken, Muster zu erkennen und neue Ideen zu formulieren. Ganz egal, ob sie am Ende haltbar ist – der Weg dahin ist pures Training für dein Gehirn.

Du brauchst:
Ein Notizbuch oder digitales Tool, ein Thema, über das du gern nachdenkst, evtl. Diagramme oder Mindmaps

Ort: 🛏 drinnen
Kosten: 💸 kostenlos
Dauer: ⏱ mittel bis lang
Mit wem möglich? 👤 alleine
Mit Tieren: 🐾 philosophieren still mit
Wetter: ☁ regt zum Denken an

„THEORIEN SIND GERÜSTE – GEBAUT AUS FRAGEN."
– Denkerweisheit

💡 Kreatives Denken und Hypothesenbildung sind eng mit der Fähigkeit zum Problemlösen verknüpft – laut Neurowissenschaft ein Schlüssel zur Innovation.
(QUELLE: BEATY ET AL., 2014, SCIENTIFIC REPORTS)

Kategorie: Lernen & Neugier

Neugier trifft Praxis: Ein kleines Experiment bringt Wissenschaft ins Wohnzimmer. Ob Essig & Backpulver, Wasserpflanzen oder Farben – du beobachtest, dokumentierst und lernst. Es geht nicht um richtig oder falsch, sondern ums Staunen.

Du brauchst:
Haushaltsmaterialien (z. B. Essig, Backpulver, Glas, Papier), Anleitung oder eigene Idee, evtl. Kamera oder Notizbuch

Ort: 🏠 drinnen
Kosten: 💸 kostenlos bis €
Dauer: ⏱ kurz bis mittel
Mit wem möglich? 🧍 alleine / 👥 gemeinsam
Mit Tieren: 🐾 bitte in sicherer Entfernung
Wetter: ☁ perfekt für drinnen

„EIN EXPERIMENT BEGINNT NICHT MIT WISSEN – SONDERN MIT DER FRAGE: WAS PASSIERT, WENN …?"
– *Forschergeist*

💡 Hands-on-Experimente fördern das konzeptuelle Verständnis, stärken Problemlösungsstrategien und wecken laut Bildungsforschung nachhaltiges Interesse an Naturwissenschaften.
(QUELLE: TESSEMA, MICHAEL & AREAYA, 2024)

Kategorie: Lernen & Neugier

Wissenshäppchen festhalten – ein Faktenjournal ist dein persönliches Archiv für Aha-Momente. Ob Zahlen, historische Kuriositäten oder Zitate: Du sammelst, was dich fasziniert, ordnest es und kannst jederzeit darauf zurückgreifen.

Du brauchst:
Notizbuch oder digitale App, Stifte oder Marker, evtl. Kategorien (Natur, Kultur, Wissenschaft, Sprache)

Ort: 🛏 drinnen
Kosten: 💸 kostenlos bis €
Dauer: ⏱ kurz bis mittel
Mit wem möglich? 👤 alleine
Mit Tieren: 🐾 gern als Sofa-Gesellschaft
Wetter: 🌧 ideal für Regentage

„KLEINE FAKTEN SIND OFT DIE TÜRÖFFNER FÜR GROSSE GEDANKEN."
– *Neugiernotiz*

💡 Das schriftliche Festhalten von neuen Informationen stärkt nachweislich das Gedächtnis und kann die kognitive Aktivierung beim Lernen erhöhen.
(QUELLE: CHEN ET AL, 2024)

Kategorie: Lernen & Neugier

Manchmal lernt man am meisten, wenn man nur fragt – und wirklich zuhört. In einer bewussten Fragerunde mit Freunden entstehen Nähe, Perspektivwechsel und oft überraschende Einsichten. Es geht nicht um Diskussion, sondern ums Zuhören, Verstehen und neugieriges Miteinander.

Du brauchst:
Offene Menschen, evtl. vorbereitete Fragen (z. B. „Wofür bist du gerade dankbar?" oder „Was willst du noch lernen?")

Ort: 🏠 zuhause oder draußen im ruhigen Rahmen
Kosten: 💰 kostenlos
Dauer: ⏱ 30–90 Minuten
Mit wem möglich? 👫 gemeinsam
Mit Tieren: 🐾 stiller Begleiter möglich
Wetter: ☁ wetterunabhängig

„EIN GUTER ZUHÖRER VERÄNDERT KEINE MEINUNG –
SONDERN ERWEITERT SIE."
– frei nach Carl Rogers

💡 Offene Gesprächsformate mit empathischem Fokus fördern laut Kommunikationsforschung sowohl kognitive Flexibilität als auch soziale Bindung – besonders wenn Fragen nicht bewertet, sondern stehen gelassen werden.
(QUELLE: WEGER JR., H., CASTLE BELL, G., MINEI, E. M., & ROBINSON, M. C., 2014)

FREMDSPRACHE ÜBEN

Kategorie: Lernen & Neugier

Eine neue Sprache ist wie ein neues Fenster zur Welt. Ob du Vokabeln lernst, Serien schaust oder mit Muttersprachlern sprichst – du trainierst nicht nur dein Gehirn, sondern auch dein kulturelles Verständnis.

Du brauchst:
Vokabeltrainer, Lern-App, Buch in Fremdsprache, Tandempartner oder Serien mit Untertiteln

Ort: 🏠 drinnen / 🖥 online
Kosten: 💸 kostenlos bis €
Dauer: ⏱ kurz bis lang
Mit wem möglich? 👤 alleine / 👥 zu zweit
Mit Tieren: 🐾 hören geduldig zu
Wetter: ☁ gut für drinnen, ☀ beim Spazieren üben

„WER EINE NEUE SPRACHE LERNT, LERNT AUCH SICH SELBST NEU KENNEN."
– Sprachphilosophie

💡 Fremdsprachenlernen stärkt nachweislich das Arbeitsgedächtnis, die Konzentration und die Fähigkeit zum Perspektivwechsel.
(QUELLE: DOLAS ET AL., 2022, JOURNAL OF COGNITION)

Kategorie: Lernen & Neugier

Ob durch versteckte Orte, historische Gänge oder faszinierende Ausstellungen – eine gute Führung öffnet Türen zu Geschichten, die du allein nie entdeckt hättest. Du lernst nicht nur Neues, sondern siehst Bekanntes mit anderen Augen.

Du brauchst:
Ticket oder Anmeldung, Interesse am Thema, evtl. bequeme Schuhe oder wetterfeste Kleidung

Ort: 🏛 drinnen oder 🚶 draußen
Kosten: 💸 €
Dauer: ⏱ mittel
Mit wem möglich? 🧍 alleine / 🖤 zu zweit / 👫 Gruppe
Mit Tieren: 🐾 selten erlaubt
Wetter: 🌥 wetterabhängig bei Outdoor-Touren

„ORTE SIND NIE NUR ORTE – SIE SIND GESCHICHTEN, DIE DARAUF WARTEN, GEHÖRT ZU WERDEN."
– Rebecca Solnit

💡 Geführte Erkundungstouren steigern die Erinnerungsleistung und schaffen laut Studien stärkere emotionale Verknüpfungen zu Orten – besonders bei interaktiven Konzepten.
(QUELLE: FALK & DIERKING, 2012, THE MUSEUM EXPERIENCE REVISITED)

Kategorie: Lernen & Neugier

Zwischen den Zeilen lesen, Sprachbilder entschlüsseln, mitfühlen:
Gedichte sind komprimierte Gedanken, oft mehrdeutig und emotional
dicht. Wenn du ein Gedicht analysierst, trainierst du Interpretation,
Empathie – und deinen Blick für Sprache.

Du brauchst:
Gedicht deiner Wahl, ggf. Ausdruck oder Buch, Marker oder Notizbuch,
evtl. Austauschpartner

Ort: 🏠 drinnen
Kosten: 🖌 kostenlos
Dauer: ⏱ kurz bis mittel
Mit wem möglich? 👤 alleine / ♥ zu zweit
Mit Tieren: 🐾 gerne dabei
Wetter: 🌧 sehr geeignet für Regentage

**„EIN GEDICHT IST KEIN PUZZLE – SONDERN EINE EINLADUNG
ZUM MITFÜHLEN."**
– Poesiekreis

💡 Die intensive Auseinandersetzung mit Lyrik fördert laut
Sprachforschung die Fähigkeit zur Metaphernverarbeitung, emotionale
Intelligenz und kreative Sprache.
(QUELLE: KUZMIČOVÁ, 2016)

Kategorie: Lernen & Neugier

„Was wäre, wenn …?" – Gedankenexperimente sind Fantasie mit Struktur. Du spielst Szenarien durch, hinterfragst Annahmen und erforschst Konsequenzen. Ob philosophisch, wissenschaftlich oder gesellschaftlich – es geht um Perspektiven, nicht um Lösungen.

Du brauchst:
Offene Frage oder Paradox (z. B. Trolley-Problem, „Was wäre, wenn es keine Zeit gäbe?"), Stift und Papier oder Austauschpartner

Ort: 🛏 drinnen / 💻 online
Kosten: ✂ kostenlos
Dauer: ⏱ kurz bis mittel
Mit wem möglich? 👤 alleine / 👬 zu zweit
Mit Tieren: 🐾 geduldige Zuhörer
Wetter: ☁ ideal bei grauem Himmel

„GEDANKENEXPERIMENTE SIND SPIELPLÄTZE FÜR DEN VERSTAND."
– Denkarchitekt

💡 Sie fördern kognitive Flexibilität, argumentatives Denken und Empathie – besonders im Bereich Ethik und Entscheidungsfindung. (QUELLE: PENG, 2023)

Kategorie: Lernen & Neugier

Eine Frage im Raum – und du tauchst mit anderen ein in Fakten, Theorien und Perspektiven. Gemeinsam zu recherchieren fördert Neugier, kritisches Denken und Austausch. Du lernst nicht nur Inhalte, sondern auch, wie andere denken.

Du brauchst:
Frage oder Thema, Internetzugang, evtl. Bücher, Notizen, Such-Strategien, Austauschplattform (online oder offline)

Ort: 🏠 drinnen / 🖥 online
Kosten: 🐾 kostenlos
Dauer: ⏱ mittel
Mit wem möglich? 👫 Gruppe / ♥ zu zweit
Mit Tieren: 🐾 stören nicht
Wetter: ☁ besonders gut bei Regen

„WENN VIELE NACHDENKEN, WIRD WISSEN BEWEGLICH."
– Recherchierregel

💡 Kollaboratives Recherchieren fördert laut Bildungspsychologie das Problemlöseverhalten, die Argumentationsfähigkeit und die Qualität von Entscheidungen.
(QUELLE: BAYAT, BANIHASHEMI & NOROOZI, 2022)

Kategorie: Lernen & Neugier

Manche Orte erzählen Geschichten – ganz ohne Worte. Alte Bahnhöfe, Ruinen, Gedenktafeln oder vergessene Grabsteine lassen Vergangenheit sichtbar werden. Wer hinschaut, kann spüren, was war – und sich fragen: Was ist geblieben? Was hat dieser Ort erlebt? Geschichte wird hier zum Gefühl, nicht zur Jahreszahl.

Du brauchst:
Neugier, offener Blick, bequeme Schuhe, evtl. Kamera oder Skizzenheft

Ort: 🏔 draußen
Kosten: 💸 kostenlos
Dauer: ⏱ kurz bis mittel
Mit wem möglich? 👤 alleine / 🖤 zu zweit / 👥 Gruppe
Mit Tieren: 🐾 möglich
Wetter: ☁ am besten trocken

„ORTE BEWAHREN ERINNERUNGEN – AUCH WENN NIEMAND MEHR DAVON ERZÄHLT."
– Unbekannt

💡 Laut kulturpsychologischer Forschung aktivieren geschichtsträchtige Orte unser sogenanntes „Default Mode Network" – ein Hirnnetzwerk, das mit Selbstreflexion, inneren Bildern und tiefer Bedeutungssuche verknüpft ist.
(QUELLE: ANDREWS-HANNA ET AL., 2014, FRONTIERS IN HUMAN NEUROSCIENCE)

Kategorie: Lernen & Neugier

Von Höhlenmalerei bis Street Art – Kunstgeschichte ist eine Reise durch Stile, Epochen und Ausdrucksformen. Du verstehst, wie Kunst auf Zeitgeist reagiert, wie Farben Geschichten erzählen und wie Werke zu Spiegeln der Gesellschaft werden.

Du brauchst:
Kunstbuch, Museumsbesuch (real oder virtuell), Doku oder Podcast, evtl. Skizzenbuch

Ort: 🏠 drinnen / 🖼 Museum
Kosten: 💸 kostenlos bis €€
Dauer: ⏱ mittel bis lang
Mit wem möglich? 👤 alleine / 🖤 zu zweit
Mit Tieren: 🐾 lieber daheim
Wetter: ☁ perfekt für drinnen oder Museumstag

„WER KUNST VERSTEHT, LIEST ZWISCHEN DEN LINIEN DER GESCHICHTE."
– Kunstbetrachter: in

💡 Studien zeigen: Die Auseinandersetzung mit Kunstwerken aktiviert emotionale, visuelle und analytische Areale im Gehirn – besonders beim Deuten von Symbolen.
(QUELLE: CHATTERJEE & VARTANIAN, 2014)

Kategorie: Lernen & Neugier

Ein Kunstmarkt ist wie ein Spaziergang durch Ideen. Du entdeckst Werke von lokalen Künstlern, handgemachte Einzelstücke, spontane Performances oder Gespräche mit Menschen hinter der Kunst. Es ist ein Ort zum Staunen, Kaufen – oder einfach nur Träumen.

Du brauchst:
Neugier, eventuell etwas Bargeld, wettergerechte Kleidung

Ort: 🎒 draußen oder drinnen
Kosten: 🪓 kostenlos bis €€ (je nach Kauf)
Dauer: ⏱ kurz bis mittel
Mit wem möglich? 👤 alleine / 🖤 zu zweit / 👥 Gruppe
Mit Tieren: 🐾 oft erlaubt (bei Outdoor-Märkten)
Wetter: ☁ wetterabhängig (bei Outdoor)

> **„KAUF KUNST VON LEBENDEN KÜNSTLER:INNEN – DIE TOTEN BRAUCHEN DAS GELD NICHT."**
> *– Sprichwort der Kunstszene*

💡 Der Besuch von Kunstmärkten stärkt laut urbaner Kulturforschung die Bindung zur lokalen Kreativszene und fördert die Wertschätzung für handgemachte, nachhaltige Produkte.
(QUELLE: MARKUSEN ET AL., 2010, CREATIVE PLACEMAKING)

LERNPOSTER GESTALTEN

Kategorie: Lernen & Neugier

Wissen sichtbar machen – ein Lernposter ist kreativ, effektiv und macht Spaß. Du strukturierst Informationen visuell, gestaltest mit Farben und Symbolen und entwickelst dein eigenes Verständnis ganz nebenbei.

Du brauchst:
Papier oder digitales Tool (z. B. Canva, Miro, Notability), Stifte, Marker, Thema deiner Wahl

Ort: 🏠 drinnen
Kosten: 💸 kostenlos bis €
Dauer: ⏱ mittel
Mit wem möglich? 👤 alleine / 🖤 zu zweit
Mit Tieren: 🐾 bitte nicht über das Poster laufen
Wetter: 🌧 sehr geeignet für graue Tage

„WENN DU ETWAS AUF EIN POSTER BRINGST, HAST DU ES WIRKLICH VERSTANDEN."
– Visualisierungsregel

💡 Das visuelle Aufbereiten von Inhalten aktiviert das Langzeitgedächtnis stärker als bloßes Lesen – und steigert laut Studien auch das kreative Problemlösen.
(QUELLE: SWELLER, VAN MERRIËNBOER & PAAS, 2019)

Kategorie: Lernen & Neugier

Ein Buch aufschlagen – und staunen. Beim Lexikonspiel schlägst du zufällig eine Seite auf, liest einen Eintrag und gehst auf Entdeckungsreise. Du kannst allein lernen, in der Gruppe raten oder daraus kleine Wissensduelle machen.

Du brauchst:
Lexikon oder Online-Wissensplattform (z. B. Wikipedia-Random), Notizbuch, evtl. Spielkarten mit Begriffen

Ort: 🛏 drinnen
Kosten: 🪙 kostenlos
Dauer: ⏱ kurz bis mittel
Mit wem möglich? 👤 alleine / 👥 gemeinsam
Mit Tieren: 🐾 leise Mitleser
Wetter: ☁ ideal bei jedem Wetter

„WENN DU INS LEXIKON FÄLLST, KOMMST DU MIT MEHR RAUS, ALS DU GESUCHT HAST."
– *Nachschlagweisheit*

💡 Zufälliges Lernen („serendipitous learning") stärkt Neugier, mentale Flexibilität und die Fähigkeit, neue Themen mit bestehendem Wissen zu verknüpfen.
(QUELLE: FISHER ET AL., 2018, LEARNING AND INSTRUCTION)

Kategorie: Lernen & Neugier

Ein Buch gelesen – und was bleibt? Durch das Zusammenfassen verankerst du Inhalte tiefer, erkennst Kernaussagen und machst das Gelesene für dich oder andere nutzbar. Ob handschriftlich, digital oder als Mindmap – das Format bestimmst du.

Du brauchst:
Gelesenes Buch, Notizbuch oder Laptop, evtl. Vorlage (z. B. 5-Finger-Methode, Mindmap)

Ort: 🏠 drinnen
Kosten: 🪙 kostenlos
Dauer: ⏱ mittel
Mit wem möglich? 👤 alleine
Mit Tieren: 🐾 leise Begleitung willkommen
Wetter: ☁ perfekt für Regentage

„WER ZUSAMMENFASST, VERSTEHT DOPPELT."
– Lernregel

💡 Aktives Zusammenfassen verbessert laut Studien die langfristige Gedächtnisleistung und das kritische Textverständnis – besonders bei Sachtexten.
(QUELLE: DUNLOSKY ET AL., PSYCHOLOGICAL SCIENCE IN THE PUBLIC INTEREST, 2013)

Kategorie: Lernen & Neugier

Ob Buchmesse, Designmarkt oder Nachhaltigkeitsevent – Messen sind Räume für neue Ideen. Du kannst stöbern, ausprobieren, ins Gespräch kommen oder einfach die Atmosphäre aufsaugen. Jede Messe ist wie ein kleiner Kosmos mit eigener Energie.

Du brauchst:
Ticket, evtl. Zeitfenster, bequeme Schuhe, Offenheit

Ort: 🏛 drinnen
Kosten: 💸 €–€€
Dauer: ⏱ mittel bis lang
Mit wem möglich? 🧍 alleine / 🖤 zu zweit / 👭 Gruppe
Mit Tieren: 🐾 meist nicht erlaubt
Wetter: ☁ jedes Wetter

„DIE WELT IST VOLLER DINGE, DIE NUR DARAUF WARTEN,
ENTDECKT ZU WERDEN."
– *E.B. White*

💡 Messen fördern laut Besucherstudien nicht nur Informationsaufnahme, sondern besonders auch soziale Interaktion, Spontanität und Entdeckungslust – ideal für kreative Impulse. (QUELLE: KIRCHGEORG & JUNG, 2011, MESSEMANAGEMENT)

Kategorie: Lernen & Neugier

Schreib wie … Hemingway, Bachmann, Kafka oder Bukowski. Wenn du den Stil großer Autoren imitiert, lernst du durch Nachahmung – über Rhythmus, Wortwahl und Tonfall. Eine Schreibübung, die deine eigene Stimme stärkt.

Du brauchst:
Beispieltexte oder Bücher, Stift oder Laptop, ein ruhiger Ort, evtl. Timer oder Schreibimpuls

Ort: 🏠 drinnen
Kosten: 💸 kostenlos
Dauer: ⏱ kurz bis mittel
Mit wem möglich? 👤 alleine
Mit Tieren: 🐾 schnurren nebenbei
Wetter: 🌧 ideal für melancholische Seiten

„WENN DU WIE ANDERE SCHREIBST, LERNST DU, WER DU BIST."
– *Schreibübung*

💡 Nachahmung ist laut Schreibforschung ein effektiver Weg, um Sprachmuster zu verinnerlichen und literarisches Feingefühl zu entwickeln – besonders bei Lernenden und Kreativen.
(QUELLE: MEYER, 2019)

Kategorie: Lernen & Neugier

Die Oper ist ein Gesamtkunstwerk – Gesang, Orchester, Bühne, Kostüm. Du musst nicht alles verstehen, um berührt zu sein. Die Stimmen, das Drama, die Klangwelten ziehen dich hinein. Eine Oper ist wie ein Gefühl, das größer ist als Worte.

Du brauchst:
Ticket, evtl. Dresscode, Offenheit für klassische Formate

Ort: ⛩ drinnen
Kosten: 🐾 €–€€
Dauer: ⏱ mittel bis lang
Mit wem möglich? 👤 alleine / ♥ zu zweit / 👥 Gruppe
Mit Tieren: 🐾 nicht erlaubt
Wetter: ☁ jedes Wetter

„DIE OPER IST DIE VOLLKOMMENE KUNSTFORM – SIE VEREINT MUSIK, DRAMA, POESIE UND GESTALTUNG."
– Sir Edward Downes

💡 Opernaufführungen aktivieren laut neuroästhetischer Forschung besonders stark die emotionale Resonanz und führen bei vielen Menschen zu einem „ästhetischen Schauer" – also messbarer Gänsehaut. (QUELLE: SALIMPOOR ET AL., 2011, NATURE NEUROSCIENCE)

PHILOSOPHISCHES GESPRÄCH FÜHREN

Kategorie: Lernen & Neugier

Warum gibt es etwas und nicht nichts? Was ist Zeit? Wie entsteht Gerechtigkeit? Ein philosophisches Gespräch öffnet neue Denkwege. Es geht nicht darum, Antworten zu finden – sondern darum, gemeinsam besser zu fragen.

Du brauchst:
Themenimpuls oder Frage (z. B. aus der Ethik, Erkenntnistheorie, Alltagsphilosophie), Zeit, Offenheit, Gesprächspartner

Ort: 🛏 drinnen / ☕ Café / 💻 online
Kosten: 🪙 kostenlos
Dauer: ⏱ mittel bis lang
Mit wem möglich? 🖤 zu zweit / 👥 kleine Runde
Mit Tieren: 🐾 als ruhige Zuhörer:innen
Wetter: 🌧 besonders stimmungsvoll bei Regen

„PHILOSOPHIE BEGINNT DORT, WO DAS ALLTÄGLICHE SELTSAM WIRD."
– *Hannah Arendt*

💡 Philosophisches Denken fördert nachweislich kritisches Urteilsvermögen, Empathie, Toleranz und die Fähigkeit zum Perspektivwechsel.
(QUELLE: TRICKEY ET AL., 2016)

Kategorie: Lernen & Neugier

Schneller lesen, mehr erfassen – Speed Reading ist wie ein Fitnessprogramm für deine Augen und dein Gehirn. Mit Technik, Fokus und etwas Übung kannst du Lesestoff effizienter verarbeiten – und behältst trotzdem das Wesentliche.

Du brauchst:
Text deiner Wahl (z. B. Artikel, Sachbuch), Timer oder App, evtl. Leseführer oder Trainingsmethode (z. B. Skimming, Meta Guiding)

Ort: 🛏 drinnen
Kosten: ✂ kostenlos
Dauer: ⏱ kurz
Mit wem möglich? 👤 alleine
Mit Tieren: 🐾 nicht geeignet für gemeinsame Lektüre 😵
Wetter: ☁ wetterunabhängig

„SCHNELL ZU LESEN BEDEUTET NICHT, WENIGER ZU VERSTEHEN – SONDERN BESSER ZU SEHEN, WAS ZÄHLT."
– *Lesetrainer*

💡 Speed Reading kann bei regelmäßigem Training die Aufnahmekapazität steigern – Studien zeigen jedoch, dass tiefes Verstehen bewusster Fokus braucht.
(QUELLE: RAYNER ET AL., 2016)

SPORT/WISSENSCHAFTSSENDUNG SCHAUEN

Kategorie: Lernen & Neugier

Ob Spielfeld oder Teilchenbeschleuniger – gut gemachte Sendungen machen komplexe Abläufe verständlich. Wenn du bewusst schaust, analysierst und reflektierst, wird Unterhaltung zu Bildung. Ideal für neugierige Abende auf der Couch.

Du brauchst:
Zugang zu Mediathek, TV oder Streaming-Plattform, evtl. Notizzettel, Auswahl an Formaten (z. B. Terra X, sportinside, Quarks)

Ort: 🛏 drinnen
Kosten: 💸 meist kostenlos
Dauer: ⏱ kurz bis mittel
Mit wem möglich? 👤 alleine / 🖤 zu zweit
Mit Tieren: 🐾 gern daneben
Wetter: 🌧 perfekt für Regentage

„GUTE SENDUNGEN MACHEN KOMPLIZIERTES FÜHLBAR."
– Bildschirmbildung

💡 Lernen durch audiovisuelle Medien aktiviert laut Forschung unterschiedliche Hirnregionen gleichzeitig – das kann Verstehen, Erinnerung und Motivation fördern.
(QUELLE: MAYER, 2024)

Kategorie: Lernen & Neugier

Zwischen den Fingern raschelt Papier. Du schlägst eine Seite auf – und tauchst ein. Eine Tageszeitung zu lesen ist mehr als Nachrichtencheck: Es ist ein Ritual, ein Perspektivwechsel, ein Eintauchen in das, was die Welt gerade bewegt – jenseits von Algorithmen.

Du brauchst:
Zeitung (gedruckt oder digital), ruhiger Ort, vielleicht einen Tee

Ort: 🏠 drinnen oder ☀ draußen
Kosten: 💸 kostenlos bis €
Dauer: ⏱ kurz bis mittel
Mit wem möglich? 👤 alleine
Mit Tieren: 🐾 möglich
Wetter: ☁ jedes Wetter

„WER ZEITUNG LIEST, BEGEGNET DER WELT IM
MORGENMANTEL.“
– Unbekannt

💡 Gedruckte Zeitungen fördern laut Medienpsychologie die Merkfähigkeit, kritisches Denken und fördern die Langsamkeit im Informationskonsum – was Stress reduziert und Verständnis vertieft. (QUELLE: KÜMPEL ET AL., 2015, JOURNALISM STUDIES)

Kategorie: Lernen & Neugier

Ein guter Vortrag kann ein Thema in dir zum Leben erwecken. Plötzlich macht alles Sinn – oder du stellst alles infrage. Ob wissenschaftlich, politisch, kreativ oder persönlich: Zuhören wird hier zum Abenteuer. Und manchmal reicht ein Satz, der hängen bleibt.

Du brauchst:
Ein Thema, das dich interessiert, Anmeldung oder Eintritt, Offenheit zum Mitdenken

Ort: 🏛 drinnen oder 💻 online
Kosten: 💸 kostenlos bis €
Dauer: ⏱ kurz bis mittel
Mit wem möglich? 👤 alleine / 🖤 zu zweit
Mit Tieren: 🐾 bei Onlinevortrag möglich
Wetter: ☁ jedes Wetter

„GUT ZUZUHÖREN IST GENAUSO WIRKUNGSVOLL WIE GUT ZU SPRECHEN."
– John Marshall

💡 Live-Vorträge regen laut Neurodidaktik nicht nur das Faktenlernen an, sondern fördern durch direkte Ansprache, Körpersprache und Erzählstruktur auch das emotionale Behalten.
(QUELLE: GAGE & BERLINER, 1996, EDUCATIONAL PSYCHOLOGY)

Kategorie: Lernen & Neugier

Ein Buch aufschlagen – und sich treiben lassen. Bei einer Wörterbuchreise springst du von Wort zu Wort, von Begriff zu Bedeutung, von Sprache zu Vorstellung. Ohne Ziel, aber voller Entdeckungen. Dein Kopf wird weiter, dein Denken bunter.

Du brauchst:
Wörterbuch oder Lexikon (gedruckt oder digital), Neugier, evtl. Stift für Notizen oder eigene Wortlisten

Ort: 🛏 drinnen
Kosten: 🧹 kostenlos
Dauer: ⏱ kurz bis lang
Mit wem möglich? 👤 alleine / 🖤 zu zweit
Mit Tieren: 🐾 gern schnurrend daneben
Wetter: 🌧 besonders schön an ruhigen Tagen

„MANCHE REISEN FÜHREN NICHT NACH AUSSEN, SONDERN TIEFER HINEIN – INS DENKEN."
– *Sprachliebhaber*

💡 Ungeplantes Blättern im Wörterbuch fördert laut Sprachforschung die semantische Vernetzung und erweitert die Ausdrucksfähigkeit – besonders beim kreativen Schreiben.
(QUELLE: CROSSLEY, 2020)

Kategorie: Lernen & Neugier

Zwischen staubigen Seiten und vergilbten Einbänden wartet Geschichte auf dich. In alten Zeitungen, Archiven oder vergessenen Büchern kannst du stöbern wie ein Entdecker. Die Bibliothek ist kein Ort der Stille – sondern der leisen Abenteuer.

Du brauchst:
Bibliotheksausweis (oft kostenlos), Interesse für Geschichte, Zeit zum Stöbern

Ort: 🏛 drinnen
Kosten: 💸 kostenlos
Dauer: ⏱ kurz bis lang
Mit wem möglich? 👤 alleine / 🖤 zu zweit
Mit Tieren: 🐾 nicht erlaubt
Wetter: ☁ jedes Wetter

„ICH HABE MIR DAS PARADIES IMMER ALS EINE BIBLIOTHEK VORGESTELLT."
– Jorge Luis Borges

💡 Bibliotheken fördern laut Kulturforschung nicht nur Bildung, sondern auch emotionale Entschleunigung, Konzentration und ein Gefühl von Geborgenheit durch Ordnung und Wissen.
(QUELLE: BUSCHMAN, 2003, DISMANTLING THE PUBLIC SPHERE)

NEUGIER BRINGT BEWEGUNG IN DEN GEIST. DIESES KAPITEL LÄDT DICH EIN, DICH WIEDER ALS LERNENDEN ZU ERLEBEN – NICHT FÜR LEISTUNG, SONDERN FÜR DAS LEBEN SELBST.

1. Welche Aktivität hat deinen Wissensdurst oder deine Entdeckerfreude geweckt?
2. Was hast du gelernt – über ein Thema, aber vielleicht auch über dich selbst?
3. In welchem Moment hast du gemerkt: Ich bin wirklich neugierig?
4. Was interessiert dich wirklich – unabhängig von Zweck oder Nutzen?
5. Welche Form des Lernens fühlt sich für dich natürlich und motivierend an?
6. Wie kannst du Neugier bewusst kultivieren – im Kleinen wie im Großen?

KLEINE RITUALE, BESONDERE MOMENTE, GELEBTE VERBINDUNG

Nicht alles muss verarbeitet, verändert oder durchdacht werden – manches darf einfach guttun. Dieses Kapitel versammelt Ideen für genau solche Momente: bewusst, nah, machbar. Für Regentage, Sonntage, Winterabende, Dates oder kreative Impulse zwischendurch. Du findest hier Beschäftigungen, die nicht heilen müssen – weil sie nähren.
Und du darfst selbst entscheiden, wie tief du gehst.

Für Momente die mehr brauchen als Alltag.

Soziale Verbundenheit · Emotionale Verarbeitung · Achtsamkeit · Selbstreflexion

Zeit zu zweit ist wertvoll. Noch kraftvoller wird sie, wenn ihr gemeinsam zurückblickt, reflektiert, träumt. Ein Beziehungstagebuch ist kein Romankonzept – es ist eine Sammlung kleiner Erinnerungen, Gedanken, Pläne. Für euch. Von euch.

Ihr müsst nicht poetisch sein. Es geht nicht um perfekte Formulierungen, sondern um echte Verbindung. Darum, euch gegenseitig zuzuhören – auf dem Papier und darüber hinaus.

Ideen für euer gemeinsames Tagebuch:

- Schreibt auf, was euch zuletzt zum Lachen gebracht hat.
- Haltet fest, worauf ihr euch im nächsten Monat freut – gemeinsam und individuell.
- Malt zusammen eine „Landkarte eurer Beziehung": wichtige Orte, gemeinsame Wege, Wendepunkte.
- Sammelt kleine Zettel mit „Ich liebe an dir, dass..." – und lest sie euch an Regentagen vor.
- Schreibt jeweils getrennt einen Brief, den der andere in einer Woche lesen darf.

„I'M NOT PERFECT, BUT I'M WORTH IT."
– XXXTentacion

Soziale Verbundenheit · Achtsamkeit · Emotionale Verarbeitung · Stressreduktion

Liebe braucht keine Reservierung. Manchmal reicht ein Abend, an dem ihr euch wirklich begegnet – nicht zwischen Tür und To-do-Liste, sondern mit Intention. Eine Date Night zuhause ist kein Ersatz für Ausgehen, sondern ein bewusst gesetzter Moment der Nähe im Alltag.

Sie kann leise oder verspielt sein. Romantisch oder lustig. Wichtig ist nur: dass ihr sie wie eine Verabredung behandelt – mit Aufmerksamkeit und Neugier füreinander.

Ideen für eure Date Night zuhause:

- Kocht gemeinsam ein Gericht, das ihr noch nie probiert habt – gern mit Motto oder fremder Küche.
- Macht euch gegenseitig eine Playlist – und hört sie euch bewusst an, mit Gesprächen dazwischen.
- Spielt ein Frage-Antwort-Spiel (z. B. 36 Fragen zum Verlieben, Wahrheit oder Wunsch).
- Baut eine Deckenburg, trinkt Kakao – Kind sein für eine Nacht.
- Tanzt im Wohnzimmer – auch (oder gerade) wenn es komisch wirkt.

„WENN ICH MIT DIR BIN, DANN BIN ICH ANDERS ALS SONST"
- Pashanim

Kreativitätsförderung · Achtsamkeit · Emotionale Verarbeitung · Soziale Verbundenheit · Aktiv & spielerisch

Kinder brauchen keinen Plan – sie brauchen Raum. Für Unordnung, Ideen, Farben, Fragen. Kreativsein mit Kindern bedeutet nicht, etwas „Schönes" zu gestalten. Es bedeutet, gemeinsam in eine Welt einzutauchen, in der Regeln zweitrangig und Neugier das Wichtigste ist.

Das Schönste daran: Erwachsene lernen dabei mindestens genauso viel. Über Loslassen. Über das Jetzt. Über die Fähigkeit, einfach zu spielen.

Ideen für gemeinsames Kreativsein:

- Baut Figuren oder Tiere aus Dingen, die ihr draußen findet (Zweige, Steine, Blätter).
- Malt ein „Gefühlsbild": Jeder darf einfach drauflos malen, was er gerade fühlt.
- Erfindet eine Geschichte – einer beginnt, die anderen spinnen weiter.
- Macht ein Improvisationsspiel: Ein Alltagsgegenstand wird zur Zauberwaffe, Brille oder Raumschiff.
- Lasst eine Minute lang jeder einen völlig verrückten Einfall aufschreiben – und sucht den besten aus.

„JEDES KIND IST EN KÜNSTLER. DAS PROBLEM IST, EIN KÜNSTLER ZU BLEIBEN, WENN MAN ERWACHSEN WIRD."
— *Pablo Picasso*

Stressreduktion · Selbstreflexion · Achtsamkeit · Selbstwirksamkeit

Manchmal ist weniger nicht nur mehr – es ist alles, was du brauchst. Ein Minimalismus-Tag ist kein Verzicht, sondern eine Einladung: Klarheit statt Überfluss. Raum statt Reiz. Atem statt Anspruch.

Du schaffst dir eine Pause vom Zuviel. Vom Konsum, vom Wollen, vom Machen. Und während du reduzierst, bemerkst du, wie wenig du eigentlich brauchst, um dich wohl zu fühlen.

Ideen für deinen Minimalismus-Tag:

- Verbringe einen Tag mit nur fünf Dingen: z. B. Wasser, ein Notizbuch, ein Buch, bequeme Kleidung, Obst.
- Wähle eine Kategorie (z. B. Kleidung, Apps, Küchenutensilien) und sortiere 10 Dinge aus.
- Geh durch deine Wohnung und stelle dir bei allem: „Würde ich das nochmal kaufen?"
- Iss drei einfache Mahlzeiten aus dem, was du schon zu Hause hast – kein Einkauf, kein Lieferdienst.
- Mache bewusst nichts – kein Entertainment, keine To-Do-Liste – einfach nur Sein.

„SIMPLICITY MAKES ME HAPPY."
– Alicia Keys

Stressreduktion · Selbstreflexion · Achtsamkeit · Kreativitätsförderung · Emotionale Verarbeitung

Kein Scrollen. Kein Tippen. Kein Wischen. Nur du – analog. Ein Offline-Sonntag ist wie ein innerer Frühjahrsputz: Für ein paar Stunden oder gleich einen ganzen Tag verzichtest du bewusst auf digitale Geräte. Und was dann entsteht, ist oft erstaunlich: Leere, die plötzlich kreativ wird. Zeit, die sich wieder nach deiner anfühlt. Vielleicht Langeweile – und daraus: Lust.

Du liest, kochst, gehst spazieren oder hörst einfach zu. Ein analoger Tag bringt dich zurück zu dem, was greifbar ist. Zu echten Gesprächen. Zu deinem eigenen Rhythmus.

Ideen für deinen Offline-Sonntag:

- Lies ein Buch, das du wirklich in der Hand halten kannst – kein E-Reader.
- Geh spazieren – ohne Ziel, ohne Musik, ohne Schrittzähler.
- Nimm dir Zeit für einen analogen Moment: ein Bad, handschriftliches Tagebuch, Brief schreiben.
- Koche etwas, was du noch nie gekocht hast – ohne dabei ein Rezept zu googeln.
- Leg dein Handy in eine Kiste – den ganzen Tag. Mach's zu einer echten Entscheidung.

„GENTLE WITH THE DRUG, HEAY WITH THE LOVE"
– Kid Cudi

Soziale Verbundenheit · Kreativitätsförderung · Aktiv & spielerisch · Emotionale Verarbeitung

Manche Tage sind grau – aber nur draußen. Drinnen kannst du Farbe machen. Regentage sind kein Ausfallprogramm, sondern eine Einladung: für Spiel, Nähe, Verspieltheit und Leichtigkeit. Denn während der Himmel tropft, kann in dir etwas aufblühen, das sonst keinen Platz findet: das innere Kind.

Spielen heißt nicht, Zeit zu vertreiben – sondern Zeit zu fühlen. Du musst nichts leisten. Nur mitmachen.

Ideen für Regentagsspiele:

- Baut gemeinsam ein Spiel aus Dingen, die ihr findet: Knöpfe, Deckel, Papier.
- Spielt Klassiker neu: z. B. Stadt-Land-Fluss mit Kategorien wie Gefühle, Gerüche, „was ich nie sagen würde".
- Wählt ein Brettspiel – aber jeder muss dabei eine Rolle spielen (z. B. Stimme verstellen, bestimmte Geste).
- Sammelt Wörter aus einem Buch und erfindet eine Geschichte nur mit diesen.
- Spielt alte Kindheitsspiele im Wohnzimmer: Verstecken, Topfschlagen, Montagsmaler, Flüsterpost.

„REALITY IS WRONG. DREAMS ARE FOR REAL."
– *Tupac Shakur*

Achtsamkeit · Selbstreflexion · Stressreduktion · Emotionale Verarbeitung · Selbstwirksamkeit

Der Sonntag hat einen besonderen Klang. Er ist weicher, ruhiger, langsamer – wenn du ihn lässt. Ein Sonntagsritual ist kein Plan, sondern ein Anker. Eine kleine Gewohnheit, die den Übergang in die neue Woche sanft macht. Es geht nicht um Leistung, sondern um Verbindung. Mit dir. Mit dem Moment.

Rituale geben Struktur ohne Druck – sie sagen deinem Körper: Jetzt darfst du loslassen. Jetzt darfst du dich sammeln.

Ideen für Sonntagsrituale:

- Schreibe dir drei Dinge auf, die du loslassen willst – und drei, die du mitnehmen möchtest.
- Geh jeden Sonntag zur gleichen Uhrzeit spazieren – ohne Handy.
- Mach dir ein besonderes Frühstück oder einen Tee mit Musik, die sonst nie läuft.
- Lies einen Abschnitt in einem Buch, das du nur sonntags liest.
- Dehne dich zehn Minuten im Bett, bevor du aufstehst – ganz bewusst und langsam.

„I DON'T LIKE MONDAYS. I LOVE SUNDAYS – BECAUSE IT'S THE ONLY DAY I CAN JUST BE ME."
– *Paris Hilton*

Selbstwirksamkeit · Achtsamkeit · Kreativitätsförderung · Emotionale Verarbeitung · Aktiv & spielerisch

Manchmal braucht es keine großen Ziele – nur eine kleine Herausforderung, die du heute meisterst. Eine Minute eiskalt duschen. Drei Menschen ein ehrliches Kompliment machen. Einen Baum umarmen. Etwas tun, das du sonst nie tust.

Tages-Challenges bringen Bewegung in eingefahrene Routinen. Sie holen dich aus der Komfortzone – mit einem Lächeln. Und ganz nebenbei erinnern sie dich daran, wie viel Spaß es macht, mutig zu sein.

Ideen für Tages-Challenges:

- Sprich jemanden an, den du sonst nur grüßt – und stelle ihm eine echte Frage.
- Sag zu etwas Ja, obwohl du im ersten Impuls Nein gedacht hättest.
- Geh ohne Ziel los – und folge nur deiner Intuition für 30 Minuten.
- Sag einem Menschen, was du an ihm bewunderst – direkt oder schriftlich.
- Mach etwas zum ersten Mal – egal wie klein es ist (z. B. neuer Weg, neues Gericht, neue Playlist).

„NEVER A FAILURE, ALWAYS A LESSON."
— *Rihanna*

Stressreduktion · Achtsamkeit · Kreativitätsförderung · Emotionale Verarbeitung ·
Selbstwirksamkeit

Ein Liegestuhl. Ein Getränk mit Eiswürfeln. Ein Buch, das du schon
lange lesen wolltest. Mehr braucht es nicht. „Urlaub auf Balkonien" ist
kein Ersatz für Ferne – es ist eine Einladung zur Nähe. Zu dir selbst, zu
deinem Ort, zu einem Moment echter Entspannung im Gewohnten.

Du gestaltest deine eigene kleine Oase: mit Lichterketten, Musik,
Sonnencreme oder Picknick auf dem Boden. Kein Check-in, kein
Kofferpacken – nur der Entschluss, das Hier und Jetzt als genug zu
betrachten. Für ein paar Stunden darfst du Tourist im eigenen Leben
sein.

Ideen für deinen Balkonien-Urlaub:

- Stell dir ein Tablett mit Frühstück oder Eiskaffee zusammen –
  und iss draußen.
- Verwandle deinen Balkon oder Fensterplatz mit Decke, Kissen,
  Musik in eine Mini-Lounge.
- Pflanze etwas Kleines: Kräuter, Blumen oder eine Avocado aus
  einem Kern – Urlaub zum Wachsen.
- Tu so, als wärst du in einem fremden Land: Neues Rezept,
  fremde Musik, andere Sprache hören.
- Male, schreibe oder träume – ohne Plan, nur weil es sich gut
  anfühlt.

„SOMETIMES THE BEST MOMENTS HAPPEN WHEN NOTHING'S
HAPPENING AT ALL."
– *Jake Bugg*

Achtsamkeit · Emotionale Verarbeitung · Kreativitätsförderung

Wenn es draußen leise wird, kann drinnen etwas entstehen. Der Winter zwingt dich nicht zur Ruhe – er lädt dich dazu ein. Die Kälte draußen schafft Wärme drinnen, wenn du sie lässt. „Winter-only"-Ideen sind kleine Rituale, die nur in dieser Jahreszeit ihren Zauber entfalten. Sie feiern das, was langsamer ist. Und leiser. Und trotzdem lebendig.

Ideen für dein Winter-Wohlgefühl:

- Mach einen Spaziergang im Dunkeln – mit warmem Tee in der Hand und offenen Augen für Lichter.
- Lies eingekuschelt bei Kerzenlicht – nicht, weil du musst, sondern weil du darfst.
- Fülle ein Einmachglas mit Dingen, für die du dankbar bist – einer pro Wintertag.
- Mach dir ein Wärmflaschenritual: jeden Abend zur gleichen Zeit, verbunden mit Atem oder Stille.
- Koche etwas, das lange dauert – Eintopf, Ofengemüse oder Tee mit Zimt und Orangenschale.

„WINTER IS WHEN THE WORLD SLOWS DOWN – SO YOU CAN HEAR YOURSELF THINK."
– Avril Lavigne

Achtsamkeit · Emotionale Verarbeitung · Lernen & Neugier · Kreativitätsförderung · Selbstreflexion

Zugfahren kann mehr sein als nur Ankommen. Es kann ein mobiles Ritual sein. Ein Raum zwischen zwei Orten – und manchmal auch zwischen zwei Gedanken. Statt Scrollen: aus dem Fenster schauen. Statt Multitasking: einfach sitzen, beobachten, zuhören.

Mach deine nächste Zugfahrt bewusst besonders: mit kleinen Ideen, die den Moment verändern.

Ideen für dein Zugfahrt-Special:

- Schreibe dir selbst eine Postkarte aus der Gegenwart.
- Schreibe eine Kurzgeschichte, inspiriert von jemandem, den du siehst.
- Höre einen Podcast, den du sonst nie wählen würdest.
- Skizziere eine Idee: ein Projekt, einen Businessplan oder einfach dein nächstes Lebenskapitel.
- Lies die ersten Seiten eines Buchs, das du zufällig auswählst – in einer Bahnhofsbuchhandlung.

„MA VIE, C'EST LES VOYAGES."
(„Mein Leben – das sind die Reisen.")
– Édith Piaf

FÜR JEDE WIRKUNG PASSENDE PRAXISIMPULSE ZUM VERANKERN, VERSTEHEN UND VERARBEITEN

Dieses Kapitel bietet dir zu jeder psychologischen Wirkung gezielte Mikroübungen – zum Vertiefen, Reflektieren oder Integrieren. Du brauchst keine Vorkenntnisse. Alles, was du brauchst, ist: ein paar Minuten und dich selbst.

Wenn dein System auf laut stellt, darfst du leise werden. Diese Mini-Übungen helfen dir, dein Nervensystem zu beruhigen und Stressmuster bewusster wahrzunehmen – sanft, aber wirksam.

DER ATEM-ANKER
Nervensystem beruhigen, Fokus zurückholen

- Setze oder lege dich bequem hin.
- Atme durch die Nase ein (zähle bis **4**), halte (bis **2**), atme durch den Mund aus (bis **6**).
- Wiederhole für 2–5 Minuten.

MEINE STRESSKURVE
Eigene Anspannungsmuster erkennen

- Zeichne eine Wellenlinie auf ein Blatt.
- Markiere:
    - o Wann fühlst du dich ruhig?
    - o Wann fühlst du dich angespannt?
    - o Was sind typische Auslöser?
    - o Welche Gegenmaßnahmen helfen dir?

STRESS DARF GESEHEN WERDEN, BEVOR ER SICH ZEIGEN MUSS. KLEINE PAUSEN VERÄNDERN VIEL.

Du kannst mehr beeinflussen, als du denkst. Diese Übungen helfen dir, Erfolge sichtbar zu machen und gezielt Einfluss auf deinen Alltag zu nehmen – egal wie klein der Anfang wirkt.

„ICH HAB DAS GEMACHT!"-LISTE
Eigene Erfolge sichtbar machen

- Schreibe 10 Dinge auf, die du selbst geschafft hast – groß oder klein.
  (z. B. Wäsche gemacht, schwieriges Gespräch geführt, ruhig geblieben)
- Lies dir die Liste laut vor.
- Spüre bewusst: Das war mein Anteil.

MINI-ZIEL HEUTE
Aktivierung & Motivation

- Setze dir ein kleines Ziel für heute.
  (z. B. „Ich stehe 10 Minuten früher auf und trinke in Ruhe Tee")
- Hake es ab, sobald du es erfüllt hast.
- Feier deinen Erfolg: mit einer Geste, einem Satz oder einem Lächeln.

SELBSTWIRKSAMKEIT HEIßT NICHT: IMMER STARK SEIN.
SONDERN: DEN EIGENEN HEBEL FINDEN – AUCH IN
KLEINEN DINGEN.

Achtsamkeit ist nicht, mehr zu tun – sondern mehr zu bemerken.
Diese Übungen helfen dir, aus dem Autopilot-Modus auszusteigen und
das Jetzt bewusster zu erleben – ohne Aufwand, aber mit Wirkung.

5–4–3–2–1-SINNESÜBUNG
Rückverbindung mit dem Hier & Jetzt

Nenne – laut oder in Gedanken:

- **5** Dinge, die du siehst, **4** Dinge, die du hörst, **3** Dinge, die du
  spürst, **2** Dinge, die du riechst und **1** Sache, die du schmeckst
  oder gerade wahrnimmst

LANGSAMES TUN
Automatik stoppen, Präsenz stärken

- Wähle eine alltägliche Handlung:
  (z. B. Tasse abspülen, Hände eincremen, Zähne putzen)
- Führe sie absichtlich **langsam** aus.
- Achte auf Geräusche, Bewegungen, Temperatur, Gerüche.

**ACHTSAMKEIT IST KEINE TECHNIK – SONDERN EINE
HALTUNG: ICH BIN JETZT DA.**

Gefühle wollen nicht weg – sie wollen verstanden werden. Diese Übungen helfen dir, emotionale Zustände auszudrücken, zu reflektieren und besser zu integrieren. Du brauchst: etwas Mut zur Ehrlichkeit – und vielleicht ein Stift.

GEFÜHLSWETTER ZEICHNEN
Emotionen visualisieren & wahrnehmen

- Zeichne dein heutiges Innenleben als Wetterbild:
  (z. B. Sturm, Regenbogen, Nebel, Sonnenschein, Windböen)
- Benenne die passenden Emotionen.
- Frage dich: Gibt es Bewegung? Verändert sich etwas?

SCHATTENPORTRAIT
Verdrängte Anteile sichtbar machen & verstehen

- Notiere 3 Eigenschaften, die du an dir ablehnst
  (z. B. Neid, Kontrollbedürfnis, Faulheit)
- Reflektiere:
  - Wann treten sie auf?
  - Wovor schützen sie dich?
  - Was könnten sie dir sagen wollen?

EMOTIONALE KLARHEIT ENTSTEHT NICHT DURCH KONTROLLE – SONDERN DURCH KONTAKT.

Verbindung beginnt oft in kleinen Gesten – und in der Bereitschaft, gesehen zu werden. Diese Übungen helfen dir, zwischenmenschliche Nähe bewusster wahrzunehmen oder aktiv zu gestalten – ganz ohne große Worte.

VERBINDUNGSMOMENT NOTIEREN
Soziale Wahrnehmung schärfen

- Halte abends einen Moment fest, in dem du dich verbunden gefühlt hast:
  (z. B. ein echtes Lächeln, eine Nachricht, ein Blick, ein Gespräch, eine Berührung)
- Schreibe täglich einen Satz dazu auf.
- Lies dir deine Sammlung nach einer Woche durch.

MUTIGER KONTAKT
Soziales Verhalten üben & Scham abbauen

- Überlege dir eine Person, bei der du dich bisher nicht getraut hast, dich zu melden.
- Schreibe eine kurze, ehrliche Nachricht – freundlich und ohne Erwartung.
- Beobachte, was das **mit dir** macht – ganz unabhängig von der Reaktion.

DU BIST NICHT ALLEIN. MANCHMAL BRAUCHT ES NUR EINEN SCHRITT, UM DAS ZU SPÜREN.

Kreativität braucht keine Erlaubnis – nur einen Anfang. Diese Übungen helfen dir, Ausdrucksräume zu öffnen, ohne Bewertung, ohne Ziel. Es geht nicht um „schön" – sondern um „echt".

10-MINUTEN-FREIMALEN
Ausdruck ohne Bewertung

- Stelle einen Timer auf **10 Minuten.**
- Beginne zu malen – **ohne Plan, ohne Thema.**
- Nutze Farben, Linien, Formen. Kritzel. Kleckse. Wiederhole.
- Schau dir danach an, was entstanden ist. Ohne Urteil.

KREATIVES TAGEBUCH
Gedanken & Stimmungen sichtbar machen

- Nimm dir eine Tagebuchseite.
- Gestalte sie mit Stift, Skizzen, Symbolen, Collage oder Farbe – so, wie dein Tag sich **anfühlt.**
- Kein Text nötig. Keine Regeln. Nur Ausdruck.

KREATIVITÄT IST KEIN TALENT. SIE IST EINE FORM VON FREIHEIT.

Wer du bist, zeigt sich nicht nur im Tun – sondern im Hinschauen.
Diese Übungen helfen dir, Muster zu erkennen, Entscheidungen zu
verstehen und deine Entwicklung bewusst wahrzunehmen.

ROLLENINVENTUR
Identität klären & Prioritäten erkennen

- Liste alle Rollen auf, die du in deinem Leben einnimmst.
  (Z. b. Tochter, Freund, Kreativer, Zuhörer, Rebell)
- Markiere:
  - Welche Rolle tut dir gut?
  - Welche raubt dir Kraft?
  - Welche willst du stärken – welche loslassen?

MEINE LEBENSLINIE
Biografie als Kontinuität verstehen

- Zeichne eine horizontale Linie – dein Lebensweg.
- Markiere prägende Momente:
  - Höhen
  - Tiefen
  - Wendepunkte
- Notiere zu jedem Punkt: Was hat mich hier gestärkt? Was habe
  ich daraus mitgenommen?

◎

**SELBSTREFLEXION HEIßT NICHT: PROBLEME FINDEN.
SONDERN: VERSTEHEN, WAS DICH AUSMACHT.**

Spiel macht nicht kindisch – sondern lebendig. Diese Übungen helfen dir, den Körper zu wecken, das Denken zu lockern und mit dem Alltag spielerisch in Kontakt zu treten.

BEWEGUNGSWÜRFEL BASTELN
Spontane Aktivierung & körperlicher Reiz

- Nimm einen Würfel (oder bastle einen).
- Schreibe auf jede Seite eine kleine Bewegung:
  (z. B. Hüpfen, Dehnen, Hampelmann, Tanzen, Drehen, Katze-Kuh)
- Würfle mehrmals täglich – und mach die Bewegung direkt mit.

ALLTAGSSPIEL ERFINDEN
Spielerisches Denken fördern & Muster aufbrechen

- Wandle eine Alltagsgewohnheit in ein Spiel um:
  - „Wieviele Schritte brauche ich von Sofa zu Kühlschrank?" „Wie schnell schaffe ich Zähneputzen mit der schwachen Hand?" „Klopapierrollen-Tetris im Badregal? Challenge accepted."
- Halte dich nicht zurück – sei albern, sei frei.

AKTIVIERUNG DARF LEICHT SEIN. UND SPAß IST NICHTS, WOFÜR DU DICH RECHTFERTIGEN MUSST

Lernen beginnt nicht mit Wissen – sondern mit einer Frage. Diese Übungen laden dich ein, spielerisch zu forschen, anders zu denken und neue Perspektiven einzunehmen. Neugier ist dein innerer Antrieb – nicht dein Wissensstand.

1-FRAGE-RECHERCHE
Forschergeist wecken & Welt entdecken

- Schreibe eine Frage auf, die dich wirklich interessiert: (z. b. „warum frieren Pinguine nicht?" / „wer hat das Komma erfunden?")
- Recherchiere maximal **10 Minuten**.
- Erzähle jemandem davon – oder schreibe 1–2 Sätze in dein Notizbuch.

PERSPEKTIVWECHSEL-BRILLE
Denken dehnen & Empathie fördern

- Wähle ein Thema oder eine Situation aus.
- Schreibe zwei Sichtweisen auf:
    - Deine eigene und eine andere (z. b. Aus Sicht eines Kindes, einer älteren Person, jemand aus einem anderen Land oder mit gegenteiliger Meinung)
- Was verändert sich in deinem Denken oder Gefühl?

NEUGIER IST KEIN LUXUS – SIE IST BEWEGUNG. UND BEWEGUNG BRINGT ERKENNTNIS.

Manche Lebensphasen brauchen besonderen Halt. Dieses Kapitel richtet sich an Menschen mit psychischen Belastungen wie Depression, Angst oder ADHS. Du findest hier gezielte Beschäftigungen, die stabilisieren, beruhigen oder bestärken – zugeschnitten auf das, was du gerade brauchst.

Dieses Kapitel ersetzt **keine ärztliche** oder **therapeutische** Behandlung. Wenn du unter anhaltenden Ängsten, Wahrnehmungsveränderungen oder psychischen Belastungen leidest, wende dich bitte an professionelle Hilfe – z. B. Hausarzt, Psychotherapeut oder Krisendienst.
Es ist stark, Hilfe zu holen – nicht schwach.

AUFMERKSAMKEITSDEFIZIT/HYPERAKTIVITÄTSSTÖR UNG (ADHS)

Menschen mit ADHS kämpfen oft mit Konzentrationsproblemen, Reizfilterschwäche, innerer Unruhe oder dem Gefühl, ständig „zu viel" oder „nicht genug" zu sein. Die hier aufgeführten Beschäftigungen fördern **Fokus, Struktur, kreative Auslastung** und **Körperbewusstsein** – ohne Überforderung. Wichtig ist eine Balance zwischen Anregung und Beruhigung sowie schnelle Erfolgserlebnisse zur Motivation.

TYPISCHE HERAUSFORDERUNGEN

- Aufmerksamkeitsprobleme & Ablenkbarkeit
- Reizüberflutung & Chaosgefühl
- Antriebsschwankungen
- Impulsivität
- Selbstwertzweifel

EMPFOHLENE BESCHÄFTIGUNGEN

1. **Pomodoro-Planung (25 Min. Fokus, 5 Min. Belohnung)**
   KONZENTRIERTES ARBEITEN IN ETAPPEN
   → Struktur, Fokus
2. **Kreative Aufgaben mit schnellem Feedback (z. B. Mini-Zine, Basteln)**
   HANDELN & FERTIGSTELLEN IN EINEM SCHWUNG
   → Selbstwirksamkeit, Motivation
3. **Stretching mit Musik als Start in den Tag**
   RITUAL GEGEN MORGENCHAOS
   → Körperfokus, Strukturaufbau
4. **Whiteboard oder Tagesplan kreativ visualisieren**
   ZIELE SICHTBAR & GREIFBAR MACHEN
   → Orientierung, Selbstorganisation

5. **Lego- oder Bauprojekt mit Zeitlimit**
   SPIELERISCHE FOKUSSIERUNG
   → Flow-Erleben, Problemlösung

6. **Mindful Eating mit Timer (z. B. 10-Minuten-Snackpause)**
   ESSTRAINING GEGEN IMPULSESSEN ODER REIZESSEN
   → Achtsamkeit, Körperkontakt

7. **Bouldern oder Trampolin (kurze, intensive Bewegung)**
   ÜBERSCHÜSSIGE ENERGIE SINNVOLL KANALISIEREN
   → Reizregulation, Selbststeuerung

8. **Stille-Zeit mit Kopfhörern & Naturgeräuschen (5–10 Min.)**
   KURZE AUSZEITEN TRAINIEREN
   → Entschleunigung, Reizfilter

9. **Mini-To-Do mit Checkboxen (z. B. 3 Dinge – dann Pause)**
   KLEINE SCHRITTE, SICHTBARE ERFOLGE
   → Dopamin-Booster, Übersicht

10. **Fidget-Box oder Knetmasse griffbereit halten**
    BEWEGUNGSDRANG STEUERN OHNE ABLENKUNG
    → Selbstregulation, Fokusstütze

! Bei ADHS wirken Tätigkeiten besonders gut, wenn sie **visuell ansprechend**, **kurz getaktet** und **sofort belohnend** sind. Struktur darf spielerisch sein!

Autistische Menschen erleben die Welt oft intensiv, ungefiltert oder strukturfokussiert. Reizüberflutung, soziale Unsicherheiten oder Veränderungen können schnell zur Überforderung führen. Diese Beschäftigungen helfen dabei, **Klarheit, Sinnesberuhigung** und **Selbstwirksamkeit** zu fördern – durch Rituale, Vorhersehbarkeit und den gezielten Einsatz von Spezialinteressen.

TYPISCHE HERAUSFORDERUNGEN

- Reizüberflutung & sensorische Überforderung 🪨
- Bedürfnis nach Struktur & Vorhersehbarkeit 🗒
- Soziale Unsicherheiten 🎭
- Überforderung bei schnellen Veränderungen 🔁
- Unterschätzte Selbstwirksamkeit 🧩

EMPFOHLENE BESCHÄFTIGUNGEN

1. **Lego oder Puzzle-Projekt mit klarer Anleitung**
   LOGIK, FOKUS & GREIFBARES ERGEBNIS
   → Struktur, Selbstwirksamkeit
2. **Tagesstruktur-Poster gestalten mit Symbolen**
   ORIENTIERUNG & BERUHIGUNG DURCH VORHERSEHBARKEIT
   → Selbstorganisation, Sicherheit
3. **Sensorik-Box zusammenstellen (z. B. mit Stoff, Perlen, Knete)**
   AKTIVES REGULIEREN DURCH GEZIELTE REIZE
   → Reizverarbeitung, Erdung
4. **Naturbeobachtung mit Fokus (z. B. Vogelarten, Blätterformen)**

KLARER FOKUS GEGEN REIZCHAOS
→ Achtsamkeit, Konzentration

5. **Musik-Playlist nach Stimmung erstellen & ritualisiert hören**
SELBSTSTEUERUNG ÜBER KLANG
→ Emotionale Regulation

6. **Modellieren mit Ton oder kinetischem Sand**
TAKTILE BESCHÄFTIGUNG OHNE BEWERTUNG
→ Beruhigung, Körperkontakt

7. **Kunstprojekt mit Lieblingsfarben & Mustern**
EIGENE ORDNUNG UND ÄSTHETIK AUSLEBEN
→ Ausdruck, Kontrolle

8. **Spieleabend mit klaren Regeln (z. B. Memory, Kartenspiele)**
KONTAKT OHNE ÜBERRASCHUNG
→ soziale Sicherheit, Selbstvertrauen

9. **Stille-Zeit ritualisieren (z. B. 20 Min. Lesen oder Lauschen)**
SINNESBERUHIGUNG ALS FIXER BESTANDTEIL
→ Selbstfürsorge, Reizfilter

10. **Kräuter- oder Teesammlung anlegen & dokumentieren**
SORTIEREN, SAMMELN & FOKUS GENIEßEN
→ Struktur, Sinnesschulung

❗ Viele Beschäftigungen wirken beruhigend, wenn sie **vorhersehbar, klar strukturiert und reizangepasst** sind. Lieblingsroutinen sind **stabilisierende Anker**, keine Schwäche.

BIPOLARER STÖRUNG

Die bipolare Störung bringt extreme Stimmungsschwankungen mit sich – von Hochgefühlen mit überschießender Energie bis hin zu tiefer Depression und Erschöpfung. Die Herausforderung besteht darin, Stabilität zwischen den Extremen zu finden. Diese Beschäftigungen helfen, in Phasen der **Hochstimmung zu bremsen** und in Phasen der **Niedergeschlagenheit sanft zu aktivieren**. Struktur, Selbstbeobachtung und Regulation stehen im Fokus.

TYPISCHE HERAUSFORDERUNGEN

- Stimmungsschwankungen zwischen Hoch & Tief ⬆️⬇️
- Schlafprobleme & Energieüberschuss 🌙⚡
- Impulsivität oder Selbstüberschätzung ◎
- Rückzug & Antriebslosigkeit 🛏️
- Realitätssinn kann zeitweise verzerrt sein 🔍

EMPFOHLENE BESCHÄFTIGUNGEN

1. **Stimmungstagebuch führen mit Farben oder Symbolen**
   MUSTER ERKENNEN & FRÜHWARNZEICHEN NOTIEREN
   → Selbstwahrnehmung, Struktur
2. **Ruhe-Playlist für Hochphasen vorbereiten**
   STIMMUNG BREMSEN DURCH KLANG
   → Regulation, Reizreduktion
3. **Atemübung mit Zählstruktur (z. B. 4-7-8)**
   ENERGIE LENKEN, NERVENSYSTEM BERUHIGEN
   → Entspannung, Impulskontrolle
4. **Essen ritualisieren (feste Zeiten, bewusstes Zubereiten)**
   SELBSTPFLEGE UNABHÄNGIG VON STIMMUNG
   → Stabilität, Struktur

5. **Collage: „Was erdet mich?" gestalten**
   VISUELLER ANKER FÜR EMOTIONALE BODENHAFTUNG
   → Ressourcenaktivierung
6. **Podcast oder Buch zu zyklischem Erleben hören/lesen**
   SELBSTVERSTÄNDNIS STÄRKEN
   → Psychoedukation, Akzeptanz
7. **Tee-Zeremonie oder Körperpflege mit festen Abläufen**
   RUHIGE RITUALE ZUR ENTSCHLEUNIGUNG
   → Konstanz, Selbstfürsorge
8. **Kreatives Schreiben in Phasen – mit Timer begrenzen**
   AUSDRUCK, ABER MIT KONTROLLE
   → Ausdruck, Struktur
9. **Waldspaziergang mit Fotoaufgabe („5 Grüntöne finden")**
   RUHE + FOKUS + BEWEGUNG KOMBINIEREN
   → Achtsamkeit, Ausgleich
10. **Mini-To-Do mit Pflicht- & Kür-Anteil („1 Sache muss, 1 Sache darf")**
    TAGESSTRUKTUR TROTZ STIMMUNGSSCHWANKUNG
    → Flexibilität, Zielorientierung

! Bipolare Störung braucht **Rhythmus statt Regelstarre.**
Beschäftigungen helfen, Stimmung zu begleiten – nicht zu
unterdrücken. Wichtig ist: **achtsam beobachten, nicht bewerten.**

BORDERLINE-PERSÖNLICHKEITSSTÖRUNG

Menschen mit Borderline erleben Gefühle oft besonders intensiv, schnell wechselnd und schwer kontrollierbar. Innere Leere, Impulsivität oder zwischenmenschliche Spannungen können den Alltag massiv belasten. Gut gewählte Beschäftigungen helfen dabei, **Emotionen zu regulieren**, sich selbst **besser zu spüren** und **aus belastenden Gedanken auszusteigen**. Die hier vorgestellten Aktivitäten fördern Erdung, Struktur, Ausdruck und Selbstfürsorge.

TYPISCHE HERAUSFORDERUNGEN

- Emotionale Achterbahn 🎢
- Impulsivität & Spannung ⚡
- Leere & Identitätsunsicherheit 🕳️
- Beziehungsstress 💔
- Selbstverletzungsdruck 🩹

EMPFOHLENE BESCHÄFTIGUNGEN

1. **Skills-Box gestalten**
   NOTFALLHILFE FÜR STARKE GEFÜHLE: KÄLTE, DUFT, IGELBALL & AFFIRMATIONEN
   → Impulskontrolle, Soforthilfe
2. **Gefühlsmandala zeichnen**
   GEFÜHLE VISUALISIEREN STATT ÜBERFORDERN LASSEN
   → Ausdruck, Achtsamkeit
3. **Kreatives Schreiben (Brief ans innere Kind)**
   ALTE MUSTER ERKENNEN & LIEBEVOLL ANSPRECHEN
   → Selbstwahrnehmung, emotionale Integration
4. **Trampolinspringen oder Joggen**
   ENERGIE ABBAUEN, SPANNUNG LOSLASSEN
   → Reizregulation, körperlicher Ausgleich

5. **DBT-Tagebuchblätter ausfüllen**
   GEDANKEN ORDNEN, TRIGGER VERSTEHEN
   → Struktur, Selbstreflexion
6. **Wärmflasche & Hörbuch-Abend**
   SELBSTFÜRSORGE ALS RITUAL
   → Geborgenheit, Stressabbau
7. **Waldbaden oder Silent Walk**
   BEWUSSTER RÜCKZUG ZUR REIZREGULATION
   → Entlastung, Achtsamkeit
8. **Mindful Eating mit Snackteller (Textur & Geschmack bewusst erleben)**
   RESSOURCEN AKTIVIEREN & ESSENSMUSTER BEOBACHTEN
   → Achtsamkeit, Körperkontakt
9. **Achtsames Collagebasteln aus Emotionen & Symbolen**
   KOMPLEXES INNERES ERLEBEN SICHTBAR MACHEN
   → Emotionale Verarbeitung, Kontrolle
10. **Notfallkarte für schlechte Tage basteln**
   KURZE ERINNERUNG: DU KOMMST DA DURCH
   → Selbstfürsorge, Resilienz

.

! Viele dieser Aktivitäten lassen sich mit Therapieansätzen wie **DBT** kombinieren. Sie eignen sich als *präventive Stabilisierung* oder als *Ablenkung in emotionalen Hochphasen.*

DEPERSONALISATION / DEREALISATION

Depersonalisation (sich selbst fremd fühlen) und Derealisation (die Welt wirkt unwirklich) sind Schutzmechanismen des Gehirns bei Überforderung, Stress oder Trauma. Sie sind nicht gefährlich, aber sehr beunruhigend. Diese Aktivitäten helfen, das eigene **Ich sanft wieder zu spüren**, **Sinneseindrücke bewusst zu verankern** und die **Verbindung zur Umgebung oder zum Körper** zu stärken – ohne Druck, mit Geduld.

TYPISCHE HERAUSFORDERUNGEN

- Gefühl, „nicht echt" oder „nicht da" zu sein ◌
- Körperliche Entfremdung ☺
- Unwirklichkeit der Umgebung 🏙
- Angst, „verrückt" zu werden 😳
- Schwierigkeit, sich zu konzentrieren ◉

EMPFOHLENE BESCHÄFTIGUNGEN

1. **Barfuß über verschiedene Untergründe gehen**
   TAKTILE RÜCKVERBINDUNG MIT DEM JETZT
   → Körperkontakt, Erdung
2. **Duftreise mit intensiven ätherischen Ölen (z. B. Zitrone, Pfefferminze)**
   SOFORTIGER SINNESIMPULS
   → Reizfokus, Selbstvergewisserung
3. **Eiskaltes Wasser über Hände laufen lassen & beschreiben**
   SENSORISCHER „SCHOCK" ZUR REORIENTIERUNG
   → Wachheit, Klarheit
4. **Spiegelübungen: Gesicht berühren & beschreiben („Das bin ich")**
   VISUELLE & SPRACHLICHE SELBSTVERBINDUNG
   → Identitätsgefühl, Ich-Stabilisierung

5. **Fotografie-Aufgabe: „5 Dinge, die heute real sind"**
KONKRETES SICHTBAR MACHEN
→ Realitätsverankerung

6. **Ton oder Knetmasse intensiv durchkneten**
HAPTISCHE REIZE AKTIV NUTZEN
→ Selbstwahrnehmung, Zentrierung

7. **Atem zählend beobachten (z. B. „Einatmen – 1", „Ausatmen – 2")**
MUSTER ALS ANKER IM INNEREN
→ Beruhigung, Fokussierung

8. **Collage „Was gibt mir Realität zurück?" gestalten**
EIGENE STABILITÄTSANKER ERFORSCHEN
→ Reflexion, Aktivierung

9. **Wärmflasche auf Bauch legen & bewusst spüren**
KÖRPERLICHE WÄRME ALS RÜCKHOLIMPULS
→ Geborgenheit, Körperfokus

10. **Still sitzen mit schwerem Gegenstand auf dem Schoß (z. B. Buch)**
GEWICHT ALS HALTEIMPULS ERLEBEN
→ Erdung, Selbstkontakt

❗ Derealisation & Depersonalisation sind **Überlebensreaktionen** – keine Gefahr. Je konkreter, körpernäher und sinnlich eine Beschäftigung ist, desto mehr hilft sie, dich selbst und deine Umgebung **wieder als real** zu erleben.

DEPRESSION

Depression kann sich durch Antriebslosigkeit, Gefühllosigkeit, Erschöpfung und Rückzug bemerkbar machen. Selbst kleine Aufgaben können überfordernd wirken. Diese Beschäftigungen bieten sanfte Impulse zur Aktivierung, helfen bei der **Strukturierung des Tages** und stärken durch **kleine Erfolge** das Selbstwertgefühl. Ziel ist nicht Leistung, sondern liebevolle Annäherung an sich selbst – Schritt für Schritt.

TYPISCHE HERAUSFORDERUNGEN

- Antriebslosigkeit & Müdigkeit
- Gefühlsleere oder Überwältigung
- Selbstabwertung & Grübelschleifen
- Rückzug & Isolation
- Schlaf- oder Essprobleme

EMPFOHLENE BESCHÄFTIGUNGEN

1. **Morgenseiten schreiben (einfach drauflosschreiben)**
   DEN KOPF ENTLASTEN OHNE ANSPRUCH
   → Klarheit, Selbstreflexion
2. **Mini-Erfolgstagebuch führen (z. B. „Heute geschafft: 1 Tasse Tee")**
   KLEINE SCHRITTE SICHTBAR MACHEN
   → Selbstwert, Motivation
3. **Wärmflasche & Hörbuch genießen**
   RUHE SPÜREN & SICH GUTES TUN
   → Entspannung, Geborgenheit
4. **Pflanzen gießen oder umtopfen**
   SANFTE VERANTWORTUNG ÜBERNEHMEN
   → Struktur, Lebensimpuls

5. **Fotografie-Spaziergang (3 schöne Dinge einfangen)**
BLICK LENKEN AUF DAS SCHÖNE IM KLEINEN
→ Achtsamkeit, Außenfokus

6. **Aussichtspunkt besuchen & tief durchatmen**
RAUM GEWINNEN – IM INNEN WIE IM AUßEN
→ Erdung, Perspektivwechsel

7. **Progressive Muskelentspannung im Bett**
KÖRPER AKTIVIEREN OHNE AUFSTEHEN ZU MÜSSEN
→ Körpergefühl, Entlastung

8. **Dankbarkeitsliste gestalten (1 Sache pro Tag)**
SANFT DEN FOKUS AUF POSITIVES SCHIEBEN
→ Resilienz, Stimmungsaufhellung

9. **Lieblingslied bewusst hören & mitsummen**
EMOTIONEN SANFT DURCHFLIEßEN LASSEN
→ Ausdruck, Stimmungsausgleich

10. **Tagebuch gestalten mit Symbolen statt Worten**
WENN SPRACHE FEHLT: FARBEN, FORMEN, BILDER
→ Ausdruck, Entlastung

❗ Widerstand ist Teil der Depression – nicht alles wird jeden Tag möglich sein. Deshalb: **niedrigschwellig, kleinschrittig, wohlwollend.** Schon ein kleiner Schritt ist viel wert.

ESSSTÖRUNGEN

Essstörungen wie Magersucht, Bulimie oder Binge Eating sind mehr als Essverhalten – sie betreffen das Selbstwertgefühl, das Körperbild und den Umgang mit Emotionen. Diese Aktivitäten helfen, wieder eine **Verbindung zum Körper** aufzubauen, **Selbstfürsorge** zu stärken und **Kontrolle** nicht nur über das Essen zu erleben. Im Fokus stehen achtsames Erleben, kreative Ausdrucksformen und sanfte Rituale.

TYPISCHE HERAUSFORDERUNGEN

- Körperbildverzerrung
- Kontrollverhalten / Zwangsrituale ⚖
- Schuldgefühle & Scham 😖
- Überforderung durch Hunger/Sättigungssignale 🍽
- Vermeidungsverhalten & Rückzug 📵

EMPFOHLENE BESCHÄFTIGUNGEN

1. **Mindful Eating mit Fokus auf Textur & Temperatur**
   ESSEN ALS ERLEBNIS, NICHT ALS KONTROLLE
   → Achtsamkeit, Körperkontakt
2. **Collage: „Ich bin mehr als mein Körper" gestalten**
   POSITIVE SELBSTBILDER SICHTBAR MACHEN
   → Selbstwert, Selbstausdruck
3. **Smoothie-Bowl kreativ belegen**
   ESSEN GESTALTEN STATT BEKÄMPFEN
   → Autonomie, Genuss
4. **Tagebuch schreiben mit Fokus auf Erlebnisse, nicht Kalorien**
   IDENTITÄT AUßERHALB DER ESSSTÖRUNG STÄRKEN
   → Reflexion, Neuausrichtung

5. **Kräuter sammeln & trocknen – dann Tee daraus zubereiten**
   RUHE, PFLEGE & RITUAL MIT DEM KÖRPER
   → Fürsorge, Entschleunigung
6. **Body-Scan mit Fokus auf „neutrale" Körperbereiche**
   KÖRPER WIEDER BEWOHNEN – OHNE BEWERTUNG
   → Erdung, Selbstwahrnehmung
7. **Malen nach Gefühl (nicht nach Figur)**
   EMOTIONEN AUSDRÜCKEN STATT UNTERDRÜCKEN
   → Kreativität, emotionale Regulation
8. **Tee-Zeremonie oder Essen bei Kerzenlicht zelebrieren**
   RAHMEN GEBEN, DRUCK NEHMEN
   → Genusskultur, Verlangsamung
9. **Achtsames Fotografieren („3 Dinge, die mir an mir gefallen")**
   SELBSTBILD BEWUSST STEUERN
   → Selbstakzeptanz, Perspektivwechsel
10. **Selbstfürsorge-Ritual nach dem Essen (z. B. Wärmflasche & Serie)**
   SCHAM DURCH GEBORGENHEIT ERSETZEN
   → emotionale Sicherheit, Coping

❗ Essstörungen leben von Kontrolle – diese Übungen
fördern Mitgefühl, Wahrnehmung und Autonomie, ohne Druck
aufzubauen. **Nur so viel wie gerade geht.**

GENERALISIERTE ANGSTSTÖRUNG (GAS)

Bei einer generalisierten Angststörung kreisen Gedanken oft unkontrolliert um Sorgen, „Was-wäre-wenn"-Szenarien oder drohende Katastrophen. Körperliche Anspannung, Schlafprobleme und ständiges Grübeln belasten Alltag und Wohlbefinden. Diese Aktivitäten unterstützen dabei, den **Geist zu beruhigen**, **Kontrolle** zurückzugewinnen und **Sicherheit** im Jetzt zu spüren.

TYPISCHE HERAUSFORDERUNGEN

- Dauergrübeln & Sorgenketten ☺
- Einschlafprobleme & innere Unruhe ☽
- Versagensangst & Kontrollbedürfnis ⚖
- Konzentrationsschwierigkeiten ☁
- Körpersymptome (Herzklopfen, Magen, Muskelverspannung) 🫀

EMPFOHLENE BESCHÄFTIGUNGEN

1. **Worry-Time fest einplanen (z. B. „Sorge 15 Min. am Tag")**
   SORGEN BEGRENZEN, STATT SIE ZU VERMEIDEN
   → Struktur, kognitive Kontrolle
2. **Body-Scan mit Fokus auf entspannte Körperteile**
   AUF DAS LENKEN, WAS NICHT ANGESPANNT IST
   → Achtsamkeit, Beruhigung
3. **Faktenjournal starten („Was ist wirklich passiert?")**
   RAUS AUS HYPOTHESEN – REIN IN REALITÄT
   → Klarheit, Gedankensortierung
4. **Ritualisierter Abendablauf mit 3 festen Handlungen**
   ERWARTBARKEIT SCHAFFT SICHERHEIT
   → Schlafverbesserung, Beruhigung

5. **Atemübung mit Zählstruktur (4-6-8-Technik)**
ATMEN ALS KONTROLLANKER ERLEBEN
→ Nervensystem regulieren

6. **Mini-Zine „Was mir gut tut" basteln**
RESSOURCEN SICHTBAR MACHEN
→ Positivfokus, Selbstwirksamkeit

7. **Gedankenexperiment auf Papier: Was wäre der Best Case?**
BEWUSST GEGENSZENARIEN DURCHDENKEN
→ Perspektivwechsel, inneres Gleichgewicht

8. **Geführte Meditation mit Visualisierung eines sicheren Ortes**
SICHERHEIT INNERLICH ERLEBEN
→ Rückzug, emotionale Stabilisierung

9. **Tage strukturieren mit Pausen-Icons (z. B. Tee, Dehnen, Fenster öffnen)**
REGELMÄßIGE REIZSENKUNG EINBAUEN
→ Reizregulation, Orientierung

10. **Stilles Lesen bei Kerzenlicht**
FOKUS BINDEN, KÖRPER BERUHIGEN
→ Abschalten, Entspannung

❗ Bei GAS hilft es nicht, Sorgen „wegzudrücken", sondern ihnen **einen Rahmen** zu geben. Beschäftigungen mit Rhythmus, Sinnesfokus und Wiederholbarkeit stabilisieren langfristig.

HERZRASEN & PANIKATTACKEN

Herzrasen und Panikattacken können plötzlich auftreten – als körperlich spürbare Angstreaktionen auf Überforderung, Stress oder innere Konflikte. Obwohl sie intensiv wirken, sind sie nicht gefährlich. Diese Beschäftigungen helfen dir, in akuten Momenten **zur Ruhe** zu kommen, dein **Nervensystem zu regulieren** und **Kontrolle über dein Erleben** zurückzugewinnen – mit einfachen, sofort wirksamen Reizen und Techniken.

TYPISCHE HERAUSFORDERUNGEN

- Herzklopfen, Zittern, Atemnot 🖤
- Gefühl von Kontrollverlust oder Ohnmacht 😵
- Angst, „zu sterben" oder „durchzudrehen" 👻
- Blackout, Engegefühl im Brustbereich 🫁
- Konzentrationsverlust & Panikspirale 🌀

EMPFOHLENE BESCHÄFTIGUNGEN

1. **Atemübung 4–2–6**
   ATEM ALS STABILISIERENDER RHYTHMUS
   → Parasympathische Aktivierung, Fokus
2. **Hand in kaltes Wasser tauchen oder Gesicht kühlen**
   KÖRPERLICHER GEGENIMPULS
   → Reizunterbrechung, Beruhigung
3. **Gegenstände im Raum laut benennen („Ich sehe...")**
   REALITÄTSBEZUG DURCH SPRACHE
   → Reorientierung, kognitive Kontrolle
4. **5-4-3-2-1-Achtsamkeitstechnik anwenden**
   SINNESWAHRNEHMUNG GEGEN GEDANKENSOG
   → Präsenz, Erdung

5. **Körper mit Gewicht beruhigen (z. B. Rucksack, Decke)**
PHYSISCHE SCHWERE GEGEN ENGEGEFÜHL
→ Körperschema, Sicherheit

6. **Igelball oder Knetmasse drücken**
TAKTILE ABLENKUNG & SPANNUNGSABLEITUNG
→ Selbstwahrnehmung, Impulskontrolle

7. **Zahlen rückwärts zählen (von 100)**
KOGNITIVE UMLEITUNG BEI GEDANKENSTURM
→ Fokussierung, Distanzierung

8. **Körperhaltung verändern (z. B. aufstehen, Schultern senken)**
NEUORIENTIERUNG ÜBER DEN KÖRPER
→ Nervensystem beeinflussen

9. **Duft (z. B. Pfefferminzöl, Zitrone) bewusst einatmen**
SINNESAKTIVIERUNG GEGEN SCHWINDELGEFÜHL
→ Reizanker, Gegenwart

10. **Spiegel nutzen: sich selbst in die Augen sehen**
ICH-WAHRNEHMUNG STÄRKEN
→ Identität, Selbstberuhigung

❗ Panikattacken wirken bedrohlich, sind aber **physiologisch ungefährlich**. Alles, was dich **zurück ins Jetzt bringt** – über Atem, Kälte, Sprache oder Bewegung – kann helfen, **die Angstwelle zu reiten, statt von ihr überschwemmt zu werden.**

IMPULSKONTROLLSTÖRUNGEN (Z. B. PYROMANIE, KLEPTOMANIE)

Impulskontrollstörungen zeichnen sich durch einen plötzlichen Drang aus, eine bestimmte Handlung auszuführen – trotz Wissen um mögliche Konsequenzen. Der Akt selbst bringt oft kurzfristige Erleichterung, aber auch Scham und Schuld im Nachhinein. Diese Beschäftigungen helfen, **Impulse früh zu erkennen**, innere **Spannungen anders zu regulieren** und **Selbstwirksamkeit** zu erleben – ohne Rückfall in destruktive Muster.

TYPISCHE HERAUSFORDERUNGEN

- Plötzlicher, drängender Handlungsimpuls 🔥🏭
- Anspannung vor dem Ausführen 😾
- Schuld- oder Schamgefühle danach 😔
- Gefühl von Kontrollverlust 😵
- Schwierigkeiten, Alternativen zu finden 🧩

EMPFOHLENE BESCHÄFTIGUNGEN

1. **Skills-Box mit Ersatzreizen (z. B. Eiswürfel, Knete, Duftöl)**
   AKUTSPANNUNG ANDERS UMLEITEN
   → Reizablenkung, Soforthilfe
2. **Bewegungsritual (z. B. 10 Hampelmänner + 10 tiefe Atemzüge)**
   SPANNUNG KÖRPERLICH ABBAUEN
   → Regulation, Impulsablenkung
3. **Impuls-Tagebuch: „Was fühlte ich vorher?"**
   AUSLÖSER ERKENNEN STATT NUR VERHALTEN SEHEN
   → Selbstreflexion, Kontrolle

4. **Schmuck basteln oder Mini-Objekte kleben**
   FEINE HANDARBEIT GEGEN GROBEN IMPULS
   → Achtsamkeit, Selbstwirksamkeit

5. **Kreatives Schreiben: „Was würde ich tun, wenn ich anhalten könnte?"**
   GEDANKENFLUSS OHNE AKTION
   → Ausdruck, Unterbrechung

6. **Fotoprojekt zu Orten, an denen ich mich sicher fühle**
   VISUELLER GEGENPOL ZU DRUCKMOMENTEN
   → Sicherheit, Perspektivwechsel

7. **Tee zubereiten & 3 Sinne bewusst aktivieren (sehen, riechen, schmecken)**
   ZEIT ZWISCHEN IMPULS UND HANDLUNG VERLÄNGERN
   → Entschleunigung, Präsenz

8. **Ton modellieren: „Was gerade in mir tobt" – danach zerdrücken**
   SYMBOLISCHES HANDELN STATT REALES AUSAGIEREN
   → Spannungsabbau, Ausdruck

9. **Skillkarten basteln mit „Stopp-Satz" + Alternativhandlung**
   HANDLUNGSUNTERBRECHUNG VORBEREITEN
   → Struktur, Notfallstrategie

10. **Podcast über Impulskontrolle oder Suchtmechanismen hören**
    VERSTEHEN BRINGT DISTANZ
    → Psychoedukation, Selbstverstehen

! Impulse sind nicht planbar – aber **beeinflussbar**. Je früher du sie spürst, desto mehr Freiheit gewinnst du. Beschäftigungen sollten **sofort umsetzbar, körperlich spürbar und belohnend** sein.

Paranoide Zustände oder psychoseähnliche Erlebnisse können das Gefühl erzeugen, bedroht zu sein – von Menschen, Gedanken, Technik oder der eigenen Umgebung. Oft entsteht eine verzerrte Wahrnehmung der Realität, begleitet von starker innerer Anspannung, Misstrauen oder intensiven Sinneseindrücken. Ziel dieser Beschäftigungen ist es, **Boden unter den Füßen zu finden**, sich **sicher zu verankern** und den Kontakt zur Realität **sanft zu stabilisieren**.

Die Übungen fördern Struktur, Reizregulation und Vertrauen in den gegenwärtigen Moment – ohne Druck, etwas „wegmachen" zu müssen.

TYPISCHE HERAUSFORDERUNGEN

- Gefühl verfolgt oder beobachtet zu werden 👁️
- Misstrauen & sozialer Rückzug 🤫
- Gedankenrasen oder -sprünge 💭💥
- Intensives Hören, Sehen, Fühlen (Überreizung) 👃👂👁️
- Verunsicherung über Realität & Selbstbild 🌀

EMPFOHLENE BESCHÄFTIGUNGEN

1. **„Fünf Dinge"-Übung (sehen, hören, spüren, riechen, schmecken)**
   REALITÄT ANKERN MIT SINNESWAHRNEHMUNG
   → Präsenz, Erdung
2. **Wärme & Druck: Wärmflasche oder Gewichtedecke verwenden**
   KÖRPER ALS SICHERER HALTEPUNKT
   → Selbstberuhigung, Struktur
3. **Klare Tagesstruktur visualisieren (z. B. mit Symbolkarten oder App)**

VORHERSEHBARKEIT SCHAFFT SICHERHEIT

→ Orientierung, Stabilität

4. **Pflanzenpflege oder tägliches Teeritual**
RITUALE FÜR STILLE & KONTROLLE

→ Selbstwirksamkeit, Fokus

5. **Körperzentrierte Musik oder tiefer Rhythmus (z. B. Trommel, Herzschlag-Tempo)**
REIZBINDUNG STATT REIZFLUT

→ Beruhigung, Taktgeber

6. **Wörter ordnen: aus Zeitschriften schneiden & thematisch sortieren**
ORDNUNG IM ÄUSSEREN FÖRDERT INNERE STRUKTUR

→ Kognition stabilisieren

7. **Bodenberührung mit den Händen spüren (z. B. auf Teppich, Holz, Erde)**
TAKTILER REIZ ALS REALITÄTSANKER

→ Körperbezug, Gegenwart

8. **Hoffnungstagebuch führen („Was war echt schön heute?")**
REALITÄT MIT RESSOURCEN VERKNÜPFEN

→ Perspektivarbeit

9. **Stille mit Struktur: ruhige Räume gestalten mit klaren Linien (z. B. aufgeräumte Ecken)**
ORDNUNG HILFT GEISTIGER KLARHEIT

→ Reizfilter, Ruhe

10. **Gedanken externalisieren (aufschreiben & einordnen: „Was ist sicher, was ist unsicher?")**
GEDANKEN PRÜFEN STATT FÜRCHTEN

→ Selbstreflexion, Realitätsprüfung

! Die Grenze zwischen Reizoffenheit und Überforderung ist bei psychosenahen Zuständen fließend. **Reduziere Reize**, gib dir **Struktur**, und **vertraue auf das Außen**, wenn das Innere unsicher ist. Es ist keine Schwäche, Hilfe zu holen – sondern gelebte Selbstfürsorge.

POSTTRAUMATISCHE BELASTUNGSSTÖRUNG (PTBS)

PTBS kann nach traumatischen Erlebnissen entstehen und geht häufig mit Flashbacks, starker innerer Anspannung, Schlafproblemen oder einem Gefühl von Entfremdung einher. Ziel dieser Beschäftigungen ist es, **Sicherheit zu stärken, Reizüberflutung zu reduzieren** und das **Nervensystem zu regulieren**. Die Übungen helfen, den eigenen Körper wieder als sicheren Ort zu erleben und sanft ins Hier und Jetzt zurückzukehren.

TYPISCHE HERAUSFORDERUNGEN

- Flashbacks & intrusive Gedanken 🔁
- Hypervigilanz & Reizüberflutung 💨
- Gefühlsabspaltung & Taubheit 🪨
- Schlafstörungen 🌙
- Misstrauen & Rückzug 🤐

EMPFOHLENE BESCHÄFTIGUNGEN

1. **Body-Scan mit Gewichtedecke**
   KÖRPER SANFT SPÜREN & SICHERHEIT FÖRDERN
   → Erdung, Selbstwahrnehmung
2. **Naturbeobachtung mit Checkliste („Was sehe ich?")**
   RÜCKKEHR INS JETZT DURCH SINNESFOKUS
   → Achtsamkeit, Beruhigung
3. **Sanftes Yin Yoga mit Fokus auf Ausatmen**
   KÖRPER WIEDER „BEWOHNEN"
   → Parasympathische Aktivierung
4. **Sicherheitstagebuch („Was heute gut war") führen**
   FOKUS AUF RESSOURCEN UND KONTROLLE
   → Positiver Realitätsanker

5. **Klangreise oder monotone Musik hören (z. B. Trommelklänge)**
   RHYTHMUS ALS BERUHIGENDER TAKTGEBER
   → Nervensystem regulieren

6. **Finger zeichnen & dabei atmen (5-Finger-Atmung)**
   KÖRPERFOKUS PLUS ATEM ALS ANKER
   → Reizreduktion, Soforthilfe

7. **Barfuß auf verschiedenen Untergründen gehen (drinnen oder draußen)**
   TAKTILE REIZE GEZIELT ERLEBEN
   → Körperkontakt, Präsenz

8. **Duft-Memory mit ätherischen Ölen oder Gewürzen**
   RESSOURCENFOKUS & ANGENEHME REIZE
   → Selbstregulation, Sinnesschulung

9. **Hoffnungskarten basteln mit Affirmationen**
   SELBSTERMUTIGUNG SICHTBAR MACHEN
   → Selbstwirksamkeit, Perspektivarbeit

10. **Pflanzenpflege-Ritual (gießen, Blätter abwischen)**
    RUHIGE, VORHERSEHBARE HANDLUNG
    → Kontrolle, Selbstfürsorge

❗ Aktivitäten mit klaren Rhythmen, Ritualen oder sensorischem Fokus helfen bei Überwältigung. Sicherheit ist wichtiger als Leistung – **kleine Schritte sind heilsam.**

SOZIALE PHOBIE

Soziale Phobie bedeutet oft intensives Grübeln über andere, Angst vor Bewertung und Rückzug aus Kontakten – auch wenn der Wunsch nach Verbindung tief da ist. Diese Aktivitäten fördern **Selbstvertrauen**, **mildern Anspannung** in sozialen Situationen und helfen, wieder **in Kontakt zu kommen** – mit anderen und mit sich selbst. Wichtig ist: kleine Schritte, freiwillig und mit positiver Erfahrung verknüpft.

TYPISCHE HERAUSFORDERUNGEN

- Angst vor Ablehnung oder Peinlichkeit 😨
- Vermeidung von Gesprächen & Gruppen 🙈
- Grübeln & Selbstkritik 🔁
- Körpersymptome bei Nähe (z. B. Zittern, Schwitzen) 🫀
- Einsamkeit trotz Wunsch nach Nähe 🤍

EMPFOHLENE BESCHÄFTIGUNGEN

1. **Podcast oder Hörbuch zu sozialen Themen hören**
   INDIREKTER ZUGANG ZU KOMMUNIKATION & SELBSTBILD
   → Reflexion, Identifikation
2. **Dankbarkeitstagebuch mit Fokus auf Kontaktmomente**
   Z. B. „NACHRICHT GESCHICKT", „JEMAND GELÄCHELT"
   → Wahrnehmung, Motivation
3. **Skillsharing mit vertrauter Person (z. B. Kochen zeigen)**
   KONTAKT ÜBER AKTIVITÄT STATT GESPRÄCH
   → Kompetenz, Verbindung
4. **Silent Walk zu zweit (Spazieren ohne Reden)**
   KÖRPERLICHE NÄHE OHNE DRUCK
   → Kontaktaufbau, Sicherheit

5. **Improvisations- oder Ausdrucksspiel allein vor dem Spiegel**
   SPIELERISCH MIT HEMMUNG ARBEITEN
   → Konfrontation, Selbstakzeptanz
6. **Brief schreiben (muss nicht abgeschickt werden)**
   SICH MITTEILEN – OHNE REAKTION ERWARTEN ZU MÜSSEN
   → Ausdruck, Entlastung
7. **Online-Kommentar mit positiven Gedanken posten**
   KONTAKT OHNE ERWARTUNG, MIT WIRKUNG
   → Selbstwirksamkeit, Mut
8. **Kunstbuch lesen & Gedankengang notieren („Was spricht mich an?")**
   ÜBER KUNST IN SICH SELBST HINEINHÖREN
   → Selbstreflexion, Ausdruck
9. **Rollenspiele in Gedanken („Was würde ich sagen, wenn...")**
   SICH VORBEREITEN OHNE ZWANG ZUR AUSFÜHRUNG
   → kognitive Konfrontation, Sicherheit
10. **Spieleabend mit festen Regeln & vertrauten Menschen**
    KONTAKT MIT KLARHEIT & HUMOR
    → Verbindung, Leichtigkeit

❗ Soziale Phobie lässt sich nicht „wegtrainieren",
aber **vertrauensvolle, kleine Interaktionen** helfen, das Angstnetz zu lockern. Nähe darf wachsen – ohne Eile, ohne Bewertung.

TRAUER UND VERLUST

Trauer ist keine Krankheit, sondern eine zutiefst menschliche Reaktion auf Verlust – von Menschen, Beziehungen, Lebensplänen oder Identität. Sie verläuft wellenartig, individuell und braucht Raum, Ausdruck und Halt. Diese Beschäftigungen bieten Wege, **Gefühle zuzulassen**, **Erinnerungen zu würdigen** und **neue Verankerung im Leben** zu finden – ohne zu vergessen, aber auch ohne zu erstarren.

TYPISCHE HERAUSFORDERUNGEN

- Erschöpfung & Rückzug
- Gefühl der Leere oder Sinnlosigkeit
- Sehnsucht & Erinnerungsflut
- Schuldgefühle & Grübeln
- Angst vor dem „Weitermachen"

EMPFOHLENE BESCHÄFTIGUNGEN

1. **Erinnerungscollage mit Fotos & Symbolen**
   TRAUER SICHTBAR MACHEN & GESTALTEN
   → Ausdruck, Verbindung
2. **Brief an die verstorbene Person (oder an sich selbst damals)**
   UNAUSGESPROCHENES RAUM GEBEN
   → Loslassen, Verarbeitung
3. **Tagebuch der leisen Gedanken führen**
   GEFÜHLE OHNE DRUCK FESTHALTEN
   → Reflexion, Selbstbegegnung
4. **Ritual: Kerze anzünden & bewusst an etwas Schönes erinnern**
   ERINNERUNG WÜRDIGEN STATT VERMEIDEN
   → Verbindung, Erdung

5. **Naturgänge mit Achtsamkeitsaufgabe (z. B. „Was lebt um mich herum?")**
   LEBEN WIEDER BEHUTSAM SPÜREN
   → Rückbindung, Sinnesfokus
6. **„Erste-Mal-seitdem"-Liste schreiben & abhaken**
   DAS LEBEN IN KLEINEN SCHRITTEN ZURÜCKEROBERN
   → Selbstwirksamkeit, Fortschritt
7. **Blumen pflanzen oder Baum widmen**
   TRAUER INS LEBEN INTEGRIEREN
   → Symbolische Verbindung, Handlung
8. **Lieblingsessen der verstorbenen Person zubereiten**
   ERINNERUNG DURCH SINNESEINDRÜCKE AKTIVIEREN
   → Nähe, Würdigung
9. **Austausch in Trauergruppe oder Online-Forum**
   VERSTANDEN WERDEN OHNE ERKLÄRUNGSDRUCK
   → Gemeinschaft, Entlastung
10. **Musikstück auswählen, das „mitweint" – und es bewusst hören**
    GEFÜHLE DURCHFLIEßEN LASSEN STATT VERDRÄNGEN
    → emotionale Regulation

❗ Trauer darf Raum einnehmen – ohne Taktung, ohne Ziel. Diese Aktivitäten geben **Struktur ohne Zwang** und ermöglichen, **Trauer in Lebensnähe zu verwandeln.**

ZWANGSSTÖRUNG (OCD)

Menschen mit Zwangsstörung erleben oft quälende Gedanken oder Dranghandlungen, die kurzfristig Erleichterung verschaffen, langfristig jedoch den Alltag dominieren. Rituale geben scheinbare Kontrolle, doch sie rauben Kraft. Die hier vorgestellten Beschäftigungen helfen dabei, **Achtsamkeit** zu stärken, **neue Reaktionsmuster** zu erproben und **gedanklichen Raum anders zu füllen** – ohne Druck, aber mit Struktur.

TYPISCHE HERAUSFORDERUNGEN

- Zwangsgedanken & Kontrollimpulse 🔁
- Erhöhte Anspannung bei Regelverstoß ⚠
- Perfektionismus & Selbstkontrolle ⚖
- Schuldgefühle & Selbstabwertung 😔
- Vermeidungsverhalten & Rückzug ▮

EMPFOHLENE BESCHÄFTIGUNGEN

1. **Collage: „Was darf unperfekt sein?"**
   SYMBOLISCHE AUFWEICHUNG VON KONTROLLMUSTERN
   → Perspektivwechsel, Ausdruck
2. **Body-Scan mit Fokus auf Akzeptanz statt Korrektur**
   KÖRPER BEOBACHTEN, NICHT „RICHTIG" FÜHLEN MÜSSEN
   → Selbstwahrnehmung, Anspannungslösung
3. **Makramee oder Bastelprojekt mit absichtlichen Unregelmäßigkeiten**
   GEZIELTE ABWEICHUNG ALS ÜBUNG
   → Kontrollreduktion, Achtsamkeit

4. **Mini-Tagebuch: „Heute losgelassen…" (1 Satz täglich)**
   KLEINE MUT-TATEN SICHTBAR MACHEN
   → Selbstwirksamkeit, Reflexion

5. **Tee-Zeremonie mit freier Gestaltung (nicht exakt gleich)**
   RITUAL JA – ABER OHNE ZWANG
   → Sicherheit, Freiheit

6. **Klangreise oder monotone Musik ohne festen Ablauf**
   RHYTHMUS OHNE PLAN
   → Entspannung, Gedankenumleitung

7. **Spaziergang mit bewusstem Tempo- oder Wegwechsel**
   SELBSTSTEUERUNG AUßERHALB DER ROUTINE
   → Flexibilisierung, Erdung

8. **Malen mit Händen oder Spachtel statt Pinsel**
   LOSLASSEN VON PRÄZISION
   → Kreativer Fluss, Druckreduktion

9. **Podcast anhören mit bewusster Unterbrechung**
   GEDULD & KONTROLLE ÜBER DAS NICHT-VOLLENDEN
   → Impulskontrolle, Achtsamkeit

10. **Schreibübung: 3 Gedanken kommen – 3 ziehen lassen**
    GEDANKEN ZULASSEN OHNE HANDLUNGSDRUCK
    → mentales Training, Distanzierung

! Zwang lässt sich nicht wegvermeiden – aber **verlernen.** Spielerische, sichere Abweichungen von Mustern sind kleine, mutige Schritte Richtung Freiheit.

INDEX

Diese Beschäftigungen helfen dir, aus dem Stressmodus auszusteigen. Atem, Natur und Stille beruhigen dein Nervensystem. Studien zeigen: Der Cortisolspiegel sinkt, innere Erholung wird gestärkt.

Selbermachen stärkt dein Vertrauen in dich selbst. Die Beschäftigungen fördern deine Selbstwirksamkeit – also die Erfahrung, Herausforderungen eigenständig bewältigen zu können.

3 Achtsamkeit _____ 51

Im Moment ankommen, wahrnehmen, entschleunigen.
Achtsamkeit unterstützt emotionale Ausgeglichenheit und
reduziert Stress. Neurowissenschaftlich ist ihre Wirkung gut
belegt.

4 Emotionale Verarbeitung

Gefühle wollen gespürt und ausgedrückt werden. Diese Beschäftigungen helfen dir dabei – durch Schreiben, Kreativität und Reflexion. Psychologisch nennt man das „expressives Verarbeiten".

5 Soziale Verbundenheit

Gemeinschaft verbindet und schützt. Ob Kochen, Spielen oder Zuhören – soziale Nähe ist ein Schlüssel zu psychischer Stabilität und Lebensfreude.

6 Kreativitätsförderung 121

Kreatives Tun bringt Neues in die Welt – und dich in den Flow.
Diese Beschäftigungen regen Fantasie, Denken und inneres
Erleben an.

7 Selbstreflexion _____ **137**

Selbstreflexion klärt, stärkt und vertieft deinen Kontakt zu dir selbst. Sie fördert emotionale Reife, Orientierung und innere Freiheit.

8 Aktiv & Spielerisch_____ **147**

Bewegung, Spiel und Abenteuer machen wach und fröhlich. Diese Beschäftigungen aktivieren dein Belohnungssystem und fördern Gruppendynamik.

9 Lernen & Neugier _____ **177**

Neugier hält deinen Geist lebendig. Diese Beschäftigungen
fördern kognitive Gesundheit und geistige Beweglichkeit – über
Entdecken, Forschen, Verstehen.

LITERATURVERZEICHNIS

Hinweis zur Literatur:

Die hier angegebenen Quellen stützen die psychologischen und wissenschaftlichen Fakten, die in den jeweiligen Aktivitäten dargestellt wurden. Jede Beschäftigung im Buch basiert auf mindestens einer wissenschaftlichen Erkenntnis, um ihren psychologischen Nutzen nachvollziehbar zu untermauern.

Abdelkrim, N. B., El Fazaa, S., & El Ati, J. (2007). Time-motion analysis and physiological data of elite under-19-year-old basketball players during competition. *Journal of Strength and Conditioning Research, 21*(4), 1162–1168. (Basketball 3vs3)

Andrews-Hanna, J. R., Reidler, J. S., Huang, C., & Buckner, R. L. (2014). Evidence for the default network's role in spontaneous cognition. *Frontiers in Human Neuroscience, 8*, Article 25. (Historischen Ort erkunden)

Ancient Candle Co. (2023). *Candlelight for mental wellbeing.* https://ancientcandleco.com (Lesen bei Kerzenlicht)

AOK. (2022). *Jumping Fitness: So gesund ist Sport auf dem Trampolin.* https://www.aok.de/pk/magazin/sport/workout/jumping-fitness-so-gesund-ist-sport-auf-dem-trampolin/(Trampolinpark)

Aufenanger, S. (2020). *Medienpädagogik kompakt: Ein Überblick.* Springer VS. (Mini-Doku drehen)

Bartneck, C., Buruk, O. T., & Rauterberg, G. (2020). LEGO® as a creative medium in design. *Journal of Play and Creativity, 5*(2), 85–102. (Lego-Kunst & Bauprojekte)

Bayat, M., Banihashemi, S. K., & Noroozi, O. (2022). The effects of collaborative reasoning strategies on improving primary school students' argumentative decision-making skills. *The Journal of Educational Research, 115*(6), 349–358. https://doi.org/10.1080/00220671.2022.2155602 (Gemeinsam recherchieren)

Beaty, R. E., Benedek, M., Kaufman, S. B., & Silvia, P. J. (2014). Default and executive network coupling supports creative idea production. *Scientific Reports, 4*, Article 3821. https://doi.org/10.1038/srep03821 (Eigene Theorie aufstellen)

Behm, D. G., Blazevich, A. J., Kay, A. D., & McHugh, M. (2016). Acute effects of muscle stretching on physical performance, range of motion, and injury incidence in healthy active individuals: A systematic review. *Scandinavian Journal of Medicine & Science in Sports, 26*(10), 123–132. (Stretching)

Bernardi, L., Porta, C., & Sleight, P. (2006). Cardiovascular, cerebrovascular, and respiratory changes induced by different types of music in musicians and non-musicians. *Heart, 92*(4), 445–452. (Orchester live erleben)

Berry, M. E., & Pennebaker, J. W. (2000). Expressive writing in the clinical context. *Journal of Applied Psychology, 85*(3), 264–271. (Videotagebuch drehen)

Bhattacharya, A., McCutcheon, E. P., Shvartz, E., & Greenleaf, J. E. (1980). Body acceleration distribution and O_2 uptake in humans during running and jumping. *Journal of Applied Physiology, 49*(5), 881–887. https://doi.org/10.1152/jappl.1980.49.5.881 (Trampolinpark)

Brach, T. (2019). *Radical compassion: Learning to love yourself and your world with the practice of RAIN*. Viking. (Langsamkeit üben)

Bratman, G. N., Hamilton, J. P., & Daily, G. C. (2019). The impacts of nature experience on human mental health: Mechanisms and evidence. *Frontiers in Psychology, 10*, Article 2667. https://doi.org/10.3389/fpsyg.2019.02667(Basteln mit Naturmaterial)

272

Bratman, G. N., Hamilton, J. P., Hahn, K. S., Daily, G. C., & Gross, J. J. (2015). Nature experience reduces rumination and subgenual prefrontal cortex activation. *Proceedings of the National Academy of Sciences, 112*(28), 8567–8572. https://doi.org/10.1073/pnas.1510459112 (Campingtrip)

Brown, R., & Kuss, D. J. (2020). Fear of missing out, mental wellbeing, and social connectedness: A seven-day social media abstinence trial. *International Journal of Mental Health and Addiction, 18*(6), 1461–1477. https://doi.org/10.1007/s11469-019-00106-0 (Digital detox)

Brown, S., & Vaughan, C. (2009). *Play: How it shapes the brain, opens the imagination, and invigorates the soul*. Avery. (Spieleabend mit Gesellschaftsspielen)

Burns, S., Rees, J., & Brown, H. (2021). Therapeutic sewing: Supporting mental health and wellbeing through occupational activity. *Occupational Therapy International, 2021*, Article ID 6623912. https://doi.org/10.1155/2021/6623912 (Nähen lernen)

Buschman, J. E. (2003). *Dismantling the public sphere: Situating and sustaining librarianship in the age of the new public philosophy*. Libraries Unlimited. (Zeitreise in die Bibliothek)

Cabello-Manrique, D., & González-Badillo, J. J. (2003). Analysis of the characteristics of competitive badminton. *Journal of Sports Medicine and Physical Fitness, 43*(4), 477–481. (Badminton)

CANR. (2021). *The surprising health benefits of eating ice cream*. Michigan State University Extension. https://www.canr.msu.edu/news/the-surprising-health-benefits-of-eating-ice-cream (Eis selber machen)

Camic, P. M., & Chatterjee, H. J. (2013). Museums and art galleries as partners for public health interventions. *Perspectives in Public Health, 133*(1), 66–71. https://doi.org/10.1177/1757913912468523 (Kunstausstellung besuchen)

Chaffin, A., Doran, D., & Eccardt, K. (2020). Escape rooms in education: Exploring the pedagogical benefits. *Games and Culture, 15*(3), 316–331. https://doi.org/10.1177/1555412018786413 (Escape Room)

Chatterjee, H. J., & Noble, G. (2013). Museums, health and well-being. *Arts & Health, 5*(1), 24–35. https://doi.org/10.1080/17533015.2012.694662 (Museumstour)

Chatterjee, A., & Vartanian, O. (2014). Neuroaesthetics. *Trends in Cognitive Sciences, 18*(7), 370–375. https://doi.org/10.1016/j.tics.2014.03.003 (Kunstgeschichte entdecken)

Chen, A., Murphy, D. H., Brabec, J. A., Bjork, R. A., & Bjork, E. L. (2024). The effects of lecture speed and note-taking on memory for educational material. *Applied Cognitive Psychology, 38*(1), 1–14. https://doi.org/10.1002/acp.4166 (Faktenjournal)

Chen, D., & Vrasidas, C. (2019). Informal peer-based learning and motivation in adult communities. *Adult Learning, 30*(2), 57–65. https://doi.org/10.1177/1045159519836851 (Skillsharing)

City of Madison. (2017). *Employee Assistance Program: Connections Newsletter*. City of Madison. (Markttour)

Clark, C., & Teravainen, A. (2017). *Authors and ardor: The impact of writer visits on children's literacy*. National Literacy Trust UK. (Lesung oder Autorengespräch)

Conrad, A., & Roth, W. T. (2007). Muscle relaxation therapy for anxiety disorders: It works but how? *Applied Psychophysiology and Biofeedback, 32*(1), 65–75. https://doi.org/10.1007/s10484-007-9034-9 (Progressive Muskelentspannung)

Costill, D. L., Maglischo, E. W., & Richardson, A. B. (2011). *Swimming: Handbook of sports medicine and science*. Wiley-Blackwell. (Schwimmen)

Cross, E. S., Kraemer, D. J., Hamilton, A. F., Kelley, W. M., & Grafton, S. T. (2006). Sensitivity of the action observation network to physical and observational learning. In M. Bläsing, G. Puttke, & T. Schack (Eds.), *The cognitive neuroscience of dance* (pp. 201–224). Cambridge University Press. (Ballett anschauen)

Crossley, S. A. (2020). Linguistic features in writing quality and development: An overview. *Journal of Writing Research, 11*(3), 415–443. https://doi.org/10.17239/jowr-2020.11.03.01 (Wörterbuchreise)

Csikszentmihalyi, M. (1990). *Flow: The psychology of optimal experience*. Harper & Row. (Inlineskating / Rollschuhlaufen)

Curry, N. A., & Kasser, T. (2005). Can coloring mandalas reduce anxiety? *Art Therapy, 22*(2), 81–85. https://doi.org/10.1080/07421656.2005.10129441 (Mandala zeichnen/ausmalen)

Darwin Nutrition. (2023). *Theobromine: The mild stimulant of cocoa*. https://www.darwin-nutrition.fr/en/advice/theobromine-the-mild-stimulant-of-cocoa/ (Kakaozeremonie)

De Choudhury, M., Counts, S., & Gamon, M. (2013). Not all moods are created equal! Exploring human emotional states in social media. *Journal of Computer-Mediated Communication, 19*(2), 220–235. https://doi.org/10.1111/jcc4.12036 (Foodblog starten)

De Vries, P. (2011). Teaching visual literacy for critical viewing of digital media in primary schools. *Australasian Journal of Educational Technology, 27*(4), 614–628. https://doi.org/10.14742/ajet.942 (Themenposter gestalten)

Diehl, K., Zauberman, G., & Barasch, A. (2016). How taking photos increases enjoyment of experiences. *Journal of Personality and Social Psychology, 111*(2), 119–140. https://doi.org/10.1037/pspa0000055 (Food-Fotografie)

Dolas, F., Jessner, U., & Cedden, G. (2022). Cognitive advantages of multilingual learning on metalinguistic awareness, working memory and L1 lexicon size: Reconceptualization of linguistic giftedness from a DMM perspective. *Journal of Cognition, 5*(1), Article 10. https://doi.org/10.5334/joc.201 (Fremdsprache üben)

Drake, J. E., & Winner, E. (2013). How children use drawing to regulate their emotions. *Cognition and Emotion, 27*(3), 512–520. https://doi.org/10.1080/02699931.2012.720567 (Collage aus Zeitschriften)

Dunbar, R. I. M. (2012). Bridging the bonding gap: The transition from primates to humans. *Neuroscience & Biobehavioral Reviews, 37*(10), 2200–2210. https://doi.org/10.1016/j.neubiorev.2012.03.008 (Comedyabend erleben)

Dunbar, R. I. M. (2017). Breaking bread: The functions of social eating. *Adaptive Human Behavior and Physiology, 3*(3), 198–211. https://doi.org/10.1007/s40750-017-0061-4 (Kochabend)

Dunlosky, J., Rawson, K. A., Marsh, E. J., Nathan, M. J., & Willingham, D. T. (2013). Improving students' learning with effective learning techniques: Promising directions from cognitive and educational psychology. *Psychological Science in the Public Interest, 14*(1), 4–58. https://doi.org/10.1177/1529100612453266 (Literatur tiefgründig lesen)

Eccles, R. (2002). The mechanism of the "hot toddy" effect: Why warm drinks help a common cold. *Rhinology, 40*(1), 46–48. (Wärmflasche & Hörbuch)

Ernährprofi. (2023). *Wie beeinflusst die Natur unsere psychische Gesundheit und unser Wohlbefinden?* https://ernaehrprofi.com (Picknick im Park)

Fachner, J. (2006). Music and altered states of consciousness: Considering the evidence. In D. Aldridge & J. Fachner (Eds.), *Music and altered states* (pp. 15–37). Jessica Kingsley. (Klangreise)

Falk, J. H., & Dierking, L. D. (2012). *The museum experience revisited.* Left Coast Press. (Führung mitmachen)

Fancourt, D., & Steptoe, A. (2019). The arts as a tool for improving health and well-being: A qualitative review. *Psychology of Music, 47*(2), 221–238. https://doi.org/10.1177/0305735617741560 (Konzert oder Festival erleben)

Farmer, N., & Cotter, E. W. (2021). Well-being and cooking behavior: Using the positive emotion, engagement, relationships, meaning, and accomplishment (PERMA) model as a theoretical framework. *Frontiers in Psychology, 12*, Article 560578. https://doi.org/10.3389/fpsyg.2021.560578 (Grillen im Park)

Fernández-Alduenda, M. R., & Giuliano, P. (2021). *Coffee sensory and cupping handbook.* Specialty Coffee Association. (Kaffee-Verkostung)

Fisher, D., Frey, N., & Hattie, J. (2018). *Visible learning for literacy.* Learning and Instruction. (Lexikonspiel spielen)

Fraunhofer IAO. (2021). *Green city: Gesundheit und Wohlbefinden durch Natur in der Stadt.* Fraunhofer-Institut für Arbeitswirtschaft und Organisation IAO. (Botanischer Garten)

Gage, N. L., & Berliner, D. C. (1996). *Educational psychology* (6th ed.). Houghton Mifflin. (Vortrag hören)

Gallahue, D. L., & Ozmun, J. C. (2006). *Understanding motor development: Infants, children, adolescents, adults* (6th ed.). McGraw-Hill. (Feldspiele)

Gelfo, F. (2019). Does experience enhance cognitive flexibility? An overview of the evidence provided by the environmental enrichment studies. *Frontiers in Behavioral Neuroscience, 13*, Article 150. https://doi.org/10.3389/fnbeh.2019.00150 (Denkspiele lösen)

Giles, D., Cotter, K., Edwards, A. M., & Baker, J. S. (2021). The psychological benefits of bouldering: An exploratory study. *Psychology of Sport and Exercise, 53*, Article 101848. https://doi.org/10.1016/j.psychsport.2020.101848(Bouldern)

Goldstein, T. R., & Bloom, P. (2011). The mind on stage: Why cognitive scientists should study acting. *Trends in Cognitive Sciences, 15*(12), 556–559. https://doi.org/10.1016/j.tics.2011.09.004 (Theaterbesuch)

Goldstein, T. R., Ratajski, M., & Reibold, T. (2017). Improvisational theater training: Should cognitive scientists care? *Psychology of Aesthetics, Creativity, and the Arts, 11*(3), 327–335. https://doi.org/10.1037/aca0000096(Improtheaterkurs besuchen)

Gosling, S. D., Ko, S. J., Mannarelli, T., & Morris, M. E. (2002). A room with a cue: Personality judgments based on offices and bedrooms. *Journal of Personality and Social Psychology, 82*(3), 379–398. https://doi.org/10.1037/0022-3514.82.3.379 (DIY-Deko gestalten)

Grevenstein, D., Aguilar-Raab, C., & Bluemke, M. (2018). Mindfulness and well-being: Longitudinal associations in everyday life. *Mindfulness & Wellbeing Studies, 4*(2), 1–14. (Badesalze/Lippenbalsam selbst machen)

Güllich, A., & Emrich, E. (2006). Evaluation of the support of young athletes in the elite sport system. *European Journal of Sport Science, 6*(2), 85–97. https://doi.org/10.1080/17461390600676271 (Hallenparkour)

Gustavsson, J., Cederberg, C., & Sonesson, U. (2011). *Global food losses and food waste*. FAO Report. http://www.fao.org/3/mb060e/mb060e.pdf (Foodsharing ausprobieren)

Haeyen, S. (2019). Effects of art therapy on mood, flow, and expression in patients with personality disorders. *Arts in Psychotherapy, 63*, 118–126. https://doi.org/10.1016/j.aip.2019.05.003 (Schmuck selbst machen)

Haga, M. (2009). Physical fitness in children with high motor competence is different from that in children with low motor competence. *Scandinavian Journal of Medicine & Science in Sports, 19*(5), 615–623. https://doi.org/10.1111/j.1600-0838.2008.00820.x (Schlittschuhlaufen)

Hagedorn, E., & Wachsmann, H. (2021). DIY und Natur: Psychologische Effekte des Gestaltens mit Naturmaterial. *Praxis Naturpädagogik, 13*(1), 22–30. (Seifen herstellen)

Hanada, M. (2022). Introversion and high spatial ability is associated with origami proficiency. *Frontiers in Psychology, 13*, Article 825462. https://doi.org/10.3389/fpsyg.2022.825462 (Origami falten)

Hanley, A. W., Warner, A. R., Dehili, V. M., Canto, A. I., & Garland, E. L. (2015). Washing dishes to wash the dishes: Brief instruction in an informal mindfulness practice. *Mindfulness, 6*(5), 1095–1103. https://doi.org/10.1007/s12671-014-0360-9 (Achtsames Putzen)

Harvard Health Publishing. (2020). *Start your day with a mindful breakfast*. Harvard Medical School. https://www.health.harvard.edu (Frühstück im Bett)

Heart (University of Sussex). (2009). *Reading can help reduce stress by 68% (Study findings)*. University of Sussex. (Lesen bei Kerzenlicht)

Hebert, J. J., Moffatt, J., & Burdette, T. (2020). Skateboarding, schools, and society: Viewpoints on safety and youth empowerment. *Journal of Youth Studies, 23*(9), 1130–1145. https://doi.org/10.1080/13676261.2019.1636947(Skaten/Longboard lernen)

Herz, R. S. (2004). A naturalistic analysis of autobiographical memories triggered by olfactory, visual, and auditory stimuli. *Nature Neuroscience, 7*(6), 571–576. https://doi.org/10.1038/nn1255 (Gewürzduft-Ratespiel)

Herz, R. S. (2009). Aromatherapy facts and fictions: A scientific analysis of olfactory effects on mood, physiology and behavior. *Chemosensory Perception, 2*(2), 78–96. https://doi.org/10.1007/s12078-009-9046-x (Duftreise)

Hietanen, L., & Ruusuvuori, J. (2021). Collective joy: A study of social bonding at carnival events. *Social Interaction, 4*(1), 45–62. (Karneval erleben)

Hinds, J., & Sparks, P. (2009). Investigating environmental identity, well-being and meaning. *Journal of Environmental Psychology, 29*(4), 401–413. https://doi.org/10.1016/j.jenvp.2009.03.005 (Nachtwanderung)

Huber, B., Borah, P., & Gil de Zúñiga, H. (2022). Taking corrective action when exposed to fake news: The role of fake news literacy. *Journal of Media Literacy Education, 14*(2), 1–14. https://doi.org/10.23860/JMLE-2022-14-2-1(Dokumentation analysieren)

Huron, D., & Spence, C. (2020). The chronometry of musical loudness in everyday environments. *Urban Soundscape Research, 12*(3), 101–120. (Audiowalk erleben)

Hölzel, B. K., Carmody, J., Vangel, M., Congleton, C., Yerramsetti, S. M., Gard, T., & Lazar, S. W. (2011). Mindfulness practice leads to increases in regional brain gray matter density. *Psychiatry Research: Neuroimaging, 191*(1), 36–43. https://doi.org/10.1016/j.pscychresns.2010.08.006 (Meditation)

Illeris, K. (Ed.). (2009). *Contemporary theories of learning: Learning theorists in their own words.* Routledge. https://doi.org/10.4324/9780203870426 (Workshop besuchen)

Johnson, S. M. (2008). *Hold me tight: Seven conversations for a lifetime of love.* Little, Brown Spark. (Date Night zuhause)

Kabat-Zinn, J., Lipworth, L., & Burney, R. (2003). The clinical use of mindfulness meditation for self-regulation of chronic pain. *Psychosomatic Medicine, 66*(2), 224–231. https://doi.org/10.1097/01.psy.0000118513.99898.5f (Body Scan Meditation)

Kaimal, G., Ray, K., & Muniz, J. (2016). Reduction of cortisol levels and participants' responses following art making. *Art Therapy: Journal of the American Art Therapy Association, 33*(2), 74–80. https://doi.org/10.1080/07421656.2016.1166832 (Kerzen gießen)

Kaplan, R., & Kaplan, S. (1989). *The experience of nature: A psychological perspective.* Cambridge University Press. (Aussichtspunkt erkunden, Wolkenschauen)

Kazemi, F., Khosravi, A., & Mohammadi, M. (2017). The effect of calligraphy therapy on stress and anxiety. *The Arts in Psychotherapy, 54,* 44–50. https://doi.org/10.1016/j.aip.2017.02.002 (Kalligrafie üben)

Kellogg, R. T. (2008). Training writing skills: A cognitive developmental perspective. *Journal of Writing Research, 1*(1), 1–26. https://doi.org/10.17239/jowr-2008.01.01.1 (Konzeptpapier schreiben)

Kennedy, R. (2007). In-class debates: Fertile ground for active learning and the cultivation of critical thinking and oral communication skills. *International Journal of Teaching and Learning in Higher Education, 19*(2), 183–190. (Debattierabend veranstalten)

Kerr, C., Rowe, D., & Dawson, B. (2012). The benefits of rowing for health and fitness: A systematic review. *British Journal of Sports Medicine, 46*(7), 507–510. https://doi.org/10.1136/bjsports-2011-090341 (Ruderboot fahren)

Kim, Y. J., Lee, J. H., & Lee, H. S. (2023). The rise of the food truck phenomenon: An integrated model of consumers' intentions. *ResearchGate*. https://www.researchgate.net/publication/3692 12483 (Foodtruck)

Kim, Y. M., Shim, K. H., & Kim, H. J. (2011). Effects of archery training on concentration and stress in adolescents. *Journal of Physical Education and Sport, 11*(3), 342–347. (Bogenschießen)

King, L. A., & Hicks, J. A. (2009). The detection and construction of meaning in life events. *Journal of Research in Personality, 43*(2), 245–252. https://doi.org/10.1016/j.jrp.2008.10.009 (Brief an zukünftiges Ich)

Kirchgeorg, M., & Jung, B. H. (2011). *Messemanagement: Marketing und Management von Messen, Ausstellungen und Kongressen*. Springer Gabler. https://doi.org/10.1007/978-3-8349-6815-5 (Messe entdecken)

Koelsch, S. (2014). *Brain and music*. Wiley-Blackwell. https://doi.org/10.1002/9781118721913 (Musical-Abend erleben)

Koelsch, S., Fritz, T., & Schlaug, G. (2005). Music, language and the brain. *Trends in Cognitive Sciences, 9*(12), 578–584. https://doi.org/10.1016/j.tics.2005.10.002 (Musik komponieren)

Koestner, R., Lekes, N., Powers, T. A., & Chicoine, E. (2002). Attaining personal goals: Self-concordance plus implementation intentions equals success. *Journal of Personality and Social Psychology, 83*(1), 231–244. https://doi.org/10.1037/0022-3514.83.1.231 (Ziele reflektieren)

Korpela, K., Pasanen, T., Repo, V., Hartig, T., Staats, H., Mason, M., & Schipperijn, J. (2017). Restorative qualities of being alone with nature. *Journal of Environmental Psychology, 52*, 21–30. https://doi.org/10.1016/j.jenvp.2017.05.003(Tag ohne Zeitplan)

Kox, M., van Eijk, L. T., Zwaag, J., van den Wildenberg, J., Sweep, F. C., van der Hoeven, J. G., & Pickkers, P. (2014). Voluntary activation of the sympathetic nervous system and attenuation of the innate immune response in humans. *Proceedings of the National Academy of Sciences, 111*(20), 7379–7384. https://doi.org/10.1073/pnas.1322174111(Eisbaden)

Kozbelt, A., Beghetto, R. A., & Runco, M. A. (2010). Theories of creativity. In J. C. Kaufman & R. J. Sternberg (Eds.), *The Cambridge handbook of creativity* (pp. 20–47). Cambridge University Press. https://doi.org/10.1017/CBO9780511763205.004 (Digital Art)

Kraus, T., & Fischer, A. (2020). The psychological benefits of silence: A review of the literature. *Journal of Environmental Psychology, 70*, 101440. https://doi.org/10.1016/j.jenvp.2020.101440 (Silent Walk)

Kristeller, J. L., Wolever, R. Q., & Sheets, V. (2014). Mindfulness-based eating awareness training for treating binge eating disorder: The conceptual foundation. *Eating Behaviors, 15*(3), 441–444. https://doi.org/10.1016/j.eatbeh.2014.06.006 (Mindful Eating)

Kröner-Herwig, B., Sternheim, R., & Riese, J. (2018). Hula-Hoop-Training bei Rückenschmerzpatienten: Eine Pilotstudie. *Deutsche Zeitschrift für Sportmedizin, 69*(5), 119–123. https://doi.org/10.5960/dzsm.2018.328 (Hula Hoop lernen)

Kümple, M., Karnowski, V., & Keyling, T. (2015). News sharing in social media: A review of current research on news sharing users, content, and networks. *Journalism Studies, 16*(3), 1–20. https://doi.org/10.1080/1461670X.2014.891843(Tageszeitung lesen)

Kurt, A. A., & Taş, Y. (2019). The effect of computer-aided 3D modeling activities on pre-service teachers' spatial abilities and attitudes. *International Journal of Educational Technology, 6*(3), 22–30. https://doi.org/10.18178/ijiet.2019.6.3.880 (3D-Modellieren)

Kuzmičová, A. (2016). Literary narrative and mental imagery: A view from embodied cognition. *Poetics Today, 37*(3), 395–422. https://doi.org/10.1215/03335372-3599489 (Gedicht analysieren)

Lammers, J., Stoker, J. I., Jordan, J., Pollmann, M., & Stapel, D. A. (2011). Power increases infidelity among men and women. *Psychological Science, 22*(9), 1191–1197. https://doi.org/10.1177/0956797611416252 (Candle-Light Diner)

Leder, H., Belke, B., Oeberst, A., & Augustin, D. (2004). A model of aesthetic appreciation and aesthetic judgments. *British Journal of Psychology, 95*(4), 489–508. https://doi.org/10.1348/0007126042369811 (Kunstbuch lesen)

Lee, J., Park, B. J., Tsunetsugu, Y., Kagawa, T., & Miyazaki, Y. (2012). Effect of forest bathing on physiological and psychological responses in young Japanese male subjects. *Public Health, 125*(2), 93–100. https://doi.org/10.1016/j.puhe.2010.09.005 (Naturbeobachtung)

Lemieux, A., & Power, A. (2007). The effects of music on self-concept and anxiety in institutionalized children. *Journal of Creativity in Mental Health, 2*(2), 1–19. https://doi.org/10.1300/J456v02n02_01 (Karaoke oder Offenes Mikro erleben)

Lenters, K. (2006). Resistance, struggle, and the adolescent reader. *Journal of Adolescent & Adult Literacy, 50*(2), 136–146. https://doi.org/10.1598/JAAL.50.2.6 (Mini-Zine gestalten)

Li, Q. (2018). Forest bathing: Good for the body and mind. *Environmental Health and Preventive Medicine, 23*(1), Article 70. https://doi.org/10.1186/s12199-018-0742-4 (Waldbaden)

Long, E. (2003). *Book clubs: Women and the uses of reading in everyday life*. University of Chicago Press. (Buchclub gründen oder besuchen)

Lott, M., Neumark-Sztainer, D., Story, M., & Perry, C. (2012). Influences on food choices and eating patterns among adolescents: A qualitative study. *Social Influence in Eating Behavior, 7*(1), 19–30. https://doi.org/10.1080/15534510.2011.635377 (Buffet aufbauen)

Ma, X., Yue, Z., Gong, Z., Zhang, H., & Duan, N. (2017). The effect of diaphragmatic breathing on attention, negative affect and stress in healthy adults. *Frontiers in Psychology, 8,* Article 874. https://doi.org/10.3389/fpsyg.2017.00874(Atemübungen)

Mannell, R. C., & Iso-Ahola, S. E. (1987). Psychological nature of leisure and tourism experience. *Annals of Tourism Research, 14*(3), 314–331. https://doi.org/10.1016/0160-7383(87)90105-8 (Freiluftkino erleben)

Marco, M. L., Heeney, D., Binda, S., Cifelli, C. J., Cotter, P. D., Foligné, B., Gänzle, M., Kort, R., Pasin, G., Pihlanto, A., Smid, E. J., & Hutkins, R. (2017). Health benefits of fermented foods: Microbiota and beyond. *Current Opinion in Biotechnology, 44,* 94–102. https://doi.org/10.1016/j.copbio.2016.11.010 (Fermentieren)

Markusen, A., & Gadwa, A. (2010). *Creative placemaking.* National Endowment for the Arts. https://www.arts.gov/sites/default/files/CreativePlacemaking-Paper.pdf (Kunstmarkt besuchen)

Martin, R. A. (2007). *The psychology of humor: An integrative approach.* Elsevier Academic Press. (Comedyabend erleben)

Mayer, M., & Thiel, A. (2009). Health benefits of high ropes courses: A study on stress reduction. *Journal of Environmental Psychology, 29*(2), 271–278. https://doi.org/10.1016/j.jenvp.2008.10.004 (Kletterwald)

Mayer, R. E. (2024). The past, present, and future of the cognitive theory of multimedia learning. *Educational Psychology Review, 36*(8), 1–25. https://doi.org/10.1007/s10648-024-09917-7 (Sport/Wissenschaftssendung sehen)

Mazzocchi, M., Brasini, S., & Sandri, S. (2024). Pasta, what a feeling! A multi-method study on the relationship between pasta consumption and psychological well-being. *Food Science & Nutrition, 12*(3), 1521–1534. https://doi.org/10.1002/fsn3.12056

McCloud, S. (2000). *Reinventing comics: How imagination and technology are revolutionizing an art form*. William Morrow Paperbacks. (Digital Art ausprobieren)

McHugh, P. (2016). Podcasting as a learning tool in higher education: A review of recent literature. *International Journal of Educational Technology, 3*(1), 1–9. (Podcast hören & reflektieren)

Mecking, O. (2019). *Niksen: Embracing the Dutch art of doing nothing*. The Experiment. (Bewusstes Nichtstun (Niksen))

Mero, A. A., Kinnunen, S., Piirainen, J. M., Kyrolainen, H., Komi, P. V., & Niemela, K. (2017). Effects of cold water immersion and music on recovery from intensive training. *Complementary Therapies in Medicine, 31*, 79–84. https://doi.org/10.1016/j.ctim.2017.02.002 (Baden mit Musik)

Meyer, M. (2019). The evolution of imitation: Building your style. In C. Lowe & P. Zemliansky (Eds.), *Writing spaces: Readings on writing* (Vol. 3, pp. 183–194). Parlor Press. https://wac.colostate.edu/docs/books/writingspaces3/meyer.pdf(Schreiben nach Schreibstil)

Moon, B. L. (2010). *Materials & media in art therapy: Critical understandings of diverse artistic vocabularies*. Routledge. (Ton modellieren)

Neff, K. D. (2003). *Self-compassion: The proven power of being kind to yourself*. HarperCollins. (Selfcare-Box gestalten)

Neimeyer, R. A., Herrero, O., & Botella, L. (2006). The construction of meaning in personal histories. *Memory Studies, 9*(4), 422–436. https://doi.org/10.1177/1750698006068884 (Collage mit persönlichen Fotos)

Neuman, N. (2024). Commensal attraction: Eating together as a social tool. *Journal for the Theory of Social Behaviour, 54*(1), 1–15. https://doi.org/10.1111/jtsb.12431 (Gemeinsam essen)

Niinimäki, K. (2011). From disposable to sustainable: The complex interplay between design and consumption of fashion. *Journal of Sustainable Fashion, 2*(3), 151–162. (T-Shirts designen)

Oettingen, G. (2014). *Rethinking positive thinking: Inside the new science of motivation*. Current, Penguin. (Wünsche-Glas basteln)

Oja, P., Titze, S., Bauman, A., de Geus, B., Krenn, P., Reger-Nash, B., & Kohlberger, T. (2011). Health benefits of cycling: A systematic review. *Scandinavian Journal of Medicine & Science in Sports, 21*(4), 496–509. https://doi.org/10.1111/j.1600-0838.2011.01299.x (Fahrrad-Tagestour)

Paivio, A. (1990). *Mental representations: A dual coding approach*. Oxford University Press. (Notizbuch personalisieren)

Park, S. Y., Kim, T. W., & Kim, S. W. (2018). The effects of Yin yoga on stress and inflammation in healthy adults. *International Journal of Yoga, 11*(2), 133–137. https://doi.org/10.4103/ijoy.IJOY_70_17 (Yin Yoga)

Pellegrini, A. D., & Smith, P. K. (1998). Physical activity play: The nature and function of a neglected aspect of play. *Child Development, 69*(3), 577–598. https://doi.org/10.1111/j.1467-8624.1998.tb06226.x (Abenteuerspielplatz besuchen)

Peng, M. (2023). The effects of cognitive and affective empathy on moral decision-making. *Journal of Education, Humanities and Social Sciences, 22*, 600–606. https://doi.org/10.54097/ehss.v22i.13068 (Gedankenexperiment)

Pennebaker, J. W. (2014). Expressive writing in psychological health: Mechanisms and interventions. *Journal of Health Psychology, 19*(8), 937–946. https://doi.org/10.1177/1359105314527143 (Kochbuch gestalten)

Pennebaker, J. W., & Chung, C. K. (2011). Expressive writing: Connections to physical and mental health. In H. S. Friedman (Ed.), *The

Oxford handbook of health psychology (pp. 417–437). Oxford University Press. (Creative Writing, Brief an ein Gefühlt)

Pennebaker, J. W., & Smyth, J. M. (2016). *Opening up by writing it down: How expressive writing improves health and eases emotional pain* (3rd ed.). Guilford Press. (Tagebuch gestalten)

Poe, M. R., McLain, R. J., Emery, M., & Hurley, P. T. (2014). Urban forest justice and the rights to wild foods, medicines, and materials in the city. *Human Ecology, 42*(5), 833–846. https://doi.org/10.1007/s10745-014-9681-9(Kräuter sammeln & trocknen)

Pöllmann, L. (2021). Upcycling und Wohlbefinden: Eine umweltpsychologische Untersuchung. *Umweltpsychologie, 25*(2), 56–73. (Möbel upcyclen)

PSGZ. (2020). *Hilft Dankbarkeit im Umgang mit Stress?* Psychische Gesundheit Zentralschweiz. https://www.psgz.ch/themen/dankbarkeit (Dankbarkeitstagebuch)

Rayner, K., Schotter, E. R., Masson, M. E. J., Potter, M. C., & Treiman, R. (2016). So much to read, so little time: How do we read, and can speed reading help? *Psychological Science in the Public Interest, 17*(1), 4–34. https://doi.org/10.1177/1529100615623267 (Speed-Reading)

Reimann, M., & Niemeyer, S. (2018). Multisensory experiences and emotional memory: The role of childhood associations in theme park environments. *Journal of Environmental Psychology, 58*, 1–10. https://doi.org/10.1016/j.jenvp.2018.07.001 (Jahrmarkt erleben)

Rickinson, M., Dillon, J., Teamey, K., Morris, M., Choi, M. Y., Sanders, D., & Benefield, P. (2004). *A review of research on outdoor learning.* National Foundation for Educational Research and King's College London. (Schnitzeljagd)

Roberts, M., & Marks, D. F. (2016). *Culinary traditions and family heritage: The psychology of recipes.* Routledge. (Familienrezept nachkochen)

Roediger, H. L., & Butler, A. C. (2011). The critical role of retrieval practice in long-term retention. *Trends in Cognitive Sciences, 15*(1), 20–27. https://doi.org/10.1016/j.tics.2010.09.003 (Quizabend organisieren)

Román, S., Sánchez-Siles, L. M., & Siegrist, M. (2019). The importance of food naturalness for consumers: Results of a systematic review. *Food Quality and Preference, 71,* 77–83. https://doi.org/10.1016/j.foodqual.2018.06.001 (Wein & Käseverkostung)

Rosner, D. K., & Bean, J. (2009). Learning from IKEA hacking: "I'm not one to decoupage a tabletop and call it a day." In *Proceedings of the SIGCHI Conference on Human Factors in Computing Systems* (pp. 419–422). Association for Computing Machinery. https://doi.org/10.1145/1518701.1518768 (Alte Kleidung umgestalten)

Salimpoor, V. N., Benovoy, M., Larcher, K., Dagher, A., & Zatorre, R. J. (2011). Dopamine modulates anticipation and pleasure in music. *Nature Neuroscience, 14*(2), 257–262. https://doi.org/10.1038/nn.2726 (Oper anschauen)

Schram, B., Hing, W., & Climstein, M. (2016). Primary physical and performance measures in stand-up paddle boarding. *Journal of Sports Science & Medicine, 15*(3), 500–508. (Stand-Up-Paddling (SUP))

Seidel, M., Bruns, A., Taubert, M., et al. (2017). Ping pong for life: Table tennis as a treatment for cognitive decline. *Neuroscience & Biobehavioral Reviews, 78,* 214–225. https://doi.org/10.1016/j.neubiorev.2017.04.009 (Tischtennis spielen)

Selfapy. (2023). *Journaling – was bringt es wirklich?* Selfapy Magazin. https://www.selfapy.com/magazin/journaling(Morgenseiten)

Skinta, M. D., Lezama, M., & Curtin, J. (2021). The effectiveness of self-compassion and mindfulness interventions on well-being: A meta-analysis. *Mindfulness and Self-Compassion Research, 2*(1), 14–22. (Spa-Abend zuhause)

Smith, J., & Taylor, L. (2021). The impact of interactive content in online courses on learner engagement. *Journal of Online Learning Research, 7*(1), 35–52. (Online Kurs machen)

Smith, R. (2006). Movement in the sand: Training implications for beach volleyball. *Strength and Conditioning Journal, 28*(5), 19–21. https://doi.org/10.1519/00126548-200610000-00003 (Beachvolleyball)

Strobel, J. (2014). The leisure of mini-golf: Exploring play and recreation in everyday life. *Leisure Studies, 33*(4), 487–500. https://doi.org/10.1080/02614367.2014.923500 (Minigolf bei Nacht)

Stuckey, H. L., & Nobel, J. (2010). The connection between art, healing, and public health: A review of current literature. *American Journal of Public Health, 100*(2), 254–263. https://doi.org/10.2105/AJPH.2008.156497 (Malen nach Gefühl)

Sudhinaraset, M., Wigglesworth, C., & Takeuchi, D. T. (2016). Social and cultural contexts of alcohol use: Influences in a social–ecological framework. *Alcohol Research: Current Reviews, 38*(1), 35–45. (kein DOI verfügbar)

Sweller, J., van Merriënboer, J. J. G., & Paas, F. (2019). Cognitive architecture and instructional design: 20 years later. *Educational Psychology Review, 31*(2), 261–292. https://doi.org/10.1007/s10648-019-09465-5 (Lernposter gestalten)

Tanaka, S. (2021). Urban illumination and its impact on residents' mood. *Journal of Urban Design & Lighting, 7*(1), 45–60. (Lichterfest erleben)

Taylor, S. E., Pham, L. B., Rivkin, I. D., & Armor, D. A. (1998). Harnessing the imagination: Mental simulation, self-regulation, and coping. *Journal of Personality and Social Psychology, 73*(2), 409–424. https://doi.org/10.1037/0022-3514.73.2.409 (Vision Board erstellen)

Technische Universität Dresden. (2019). *Untersuchung zur Erholung durch Tretbootfahren* (Unveröffentlichte Studie). (Tretboot fahren)

TED Redaktion. (2018). *Fascinating psych experiments* [Playlist]. TED. https://www.ted.com/playlists/445/fascinating_psych_experiments (TED Talk Abend)

Tessema, G., Michael, K., & Areaya, S. (2024). Realist hands-on learning approach and its contributions to learners' conceptual understanding and problem-solving skills on solid geometry. *Pedagogical Research, 9*(1), Article em0186. https://doi.org/10.29333/pr/14096 (Experiment zu Hause)

Thoma, M. V., La Marca, R., Brönnimann, R., Finkel, L., Ehlert, U., & Nater, U. M. (2013). The effect of music on the human stress response. *Psychoneuroendocrinology, 38*(2), 272–281. https://doi.org/10.1016/j.psyneuen.2012.06.011(Ruhe-Playlist hören)

Toepfer, S. M., Cichy, K. E., & Peters, P. (2012). Letters of gratitude: Further evidence for author benefits. *Journal of Happiness Studies, 13*(1), 187–201. https://doi.org/10.1007/s10902-011-9257-7 (Karten gestalten & verschicken)

Trickey, S., & Topping, K. J. (2004). Philosophy for children: A systematic review. *Thinking Skills and Creativity, 1*(3), 147–160. https://doi.org/10.1016/j.tsc.2006.11.001 (Philosophierunde führen)

Ulrich, R. S., Simons, R. F., Losito, B. D., Fiorito, E., Miles, M. A., & Zelson, M. (1991). Stress recovery during exposure to natural and urban environments. *Journal of Environmental Psychology, 11*(3), 201–230. https://doi.org/10.1016/S0272-4944(05)80184-7 (Drachen steigen lassen, Silent Walk)

Unno, K., Fujitani, K., Takamori, N., Takabayashi, F., Maeda, K., & Iguchi, K. (2019). Green tea and its constituents modify brain functions: A review. *Nutrients, 11*(8), Article 1988. https://doi.org/10.3390/nu11081988 (Tee-Zeremonie)

van den Berg, A. E., & Custers, M. H. (2011). Gardening promotes neuroendocrine and affective restoration from stress. *Journal of Health Psychology, 16*(1), 3–11. https://doi.org/10.1177/1359105310365577 (Gartentag)

van Herpen, E., & van Trijp, H. C. (2011). Front-of-pack nutrition labels: Their effect on attention and choices when consumers have varying goals and time constraints. *Appetite, 57*(1), 148–160. https://doi.org/10.1016/j.appet.2011.04.011 (Smoothie-Bowl kreieren)

Vickhoff, B., Malmgren, H., Åström, R., Nyberg, G., Ekström, S.-R., Engwall, M., ... & Jörnsten, R. (2013). Music structure determines heart rate variability of singers. *Frontiers in Psychology, 4*, Article 334. https://doi.org/10.3389/fpsyg.2013.00334 (Makramee knüpfen)

Waldinger, R. (2015). *What makes a good life? Lessons from the longest study on happiness* [Video]. TED. https://www.ted.com/talks/robert_waldinger_what_makes_a_good_life_lessons_from_the_longest_study_on_happiness(Lesung oder Autorengespräch)

Walker, A., & Kettler, T. (2020). Developing critical thinking skills in high ability adolescents: Effects of a debate and argument analysis curriculum. *Talent, 10*(1), 21–39. https://doi.org/10.46893/talent.758473 (Debattierabend veranstalten)

Wang, P., Wang, J., & Bai, X. (2019). The effects of laser tag games on university students' physical fitness. *Journal of Physical Activity & Health, 16*(9), 777–783. https://doi.org/10.1123/jpah.2018-0440 (Lasertag)

Warnecke, T., & Otte, A. (2017). Barfußgehen als Naturheilmethode: Eine empirische Studie. *Journal für Naturheilkunde, 18*(4), 30–35. (Barfußpfad entdecken)

Weger Jr., H., Castle Bell, G., Minei, E. M., & Robinson, M. C. (2014). The relative effectiveness of active listening in initial interactions. *The International Journal of Listening, 28*(1), 13–31. https://doi.org/10.1080/10904018.2014.861302 (Fragenrunde mit Freunden)

White, M. P., Alcock, I., Wheeler, B. W., & Depledge, M. H. (2010). Coastal proximity and health: A fixed effects analysis. *Health & Place, 16*(6), 1192–1198. https://doi.org/10.1016/j.healthplace.2010.07.004 (Flussufer entdecken)

World Health Organization. (2020). *WHO guidelines on physical activity and sedentary behaviour*. https://www.who.int/publications/i/item/9789240015128 (Sternwanderung)

Yaden, D. B., Herron, J. M., McGinley, M., & Newberg, A. B. (2017). Narrative identity and meaning making in autobiographical memory: Links to well-being and personality. *Personality and Social Psychology Bulletin, 43*(6), 730–741. https://doi.org/10.1177/0146167217699580 (Biografie lesen)

Zhang, J. W., Piff, P. K., Iyer, R., Koleva, S., & Keltner, D. (2018). An occasion for unselfing: Beautiful nature leads to prosociality. *Psychology of Aesthetics, Creativity, and the Arts, 12*(1), 50–59. https://doi.org/10.1037/aca0000092 (Fotografie-Experiment)

SCHLUSSWORT

Du hast dich durch viele Ideen gelesen.
Vielleicht hast du ausprobiert, vielleicht nur gestöbert.
Vielleicht hast du dich an manchen Stellen gespürt – oder dich an
anderen vorbeigelesen. Beides ist okay.

Denn nicht alles muss sofort passen.
Manches wirkt später.
Manches wirkt im Vorbeigehen.
Und manches wirst du erst entdecken, wenn du wiederkommst.

YOUCORE ist kein Buch, das dich verändern will.
Es will dich begleiten. Im Alltag. Im Tun. Im Kern.
In Momenten, die leicht sind – und in solchen, die es nicht sind.

Wenn du hier etwas gefunden hast, das dich berührt hat, dir Kraft
gegeben hat oder dich einfach zum Tun bewegt hat – dann war das der
Sinn.

Vielleicht schließt du das Buch heute.
Vielleicht öffnest du es morgen wieder.
Und vielleicht findest du genau dann, was du brauchst.